車窓から日本を再発見！

全国 ローカル路線バス

ブルーガイド編集部 編

JIPPI Compact

実業之日本社

全国路線バスさくいん地図

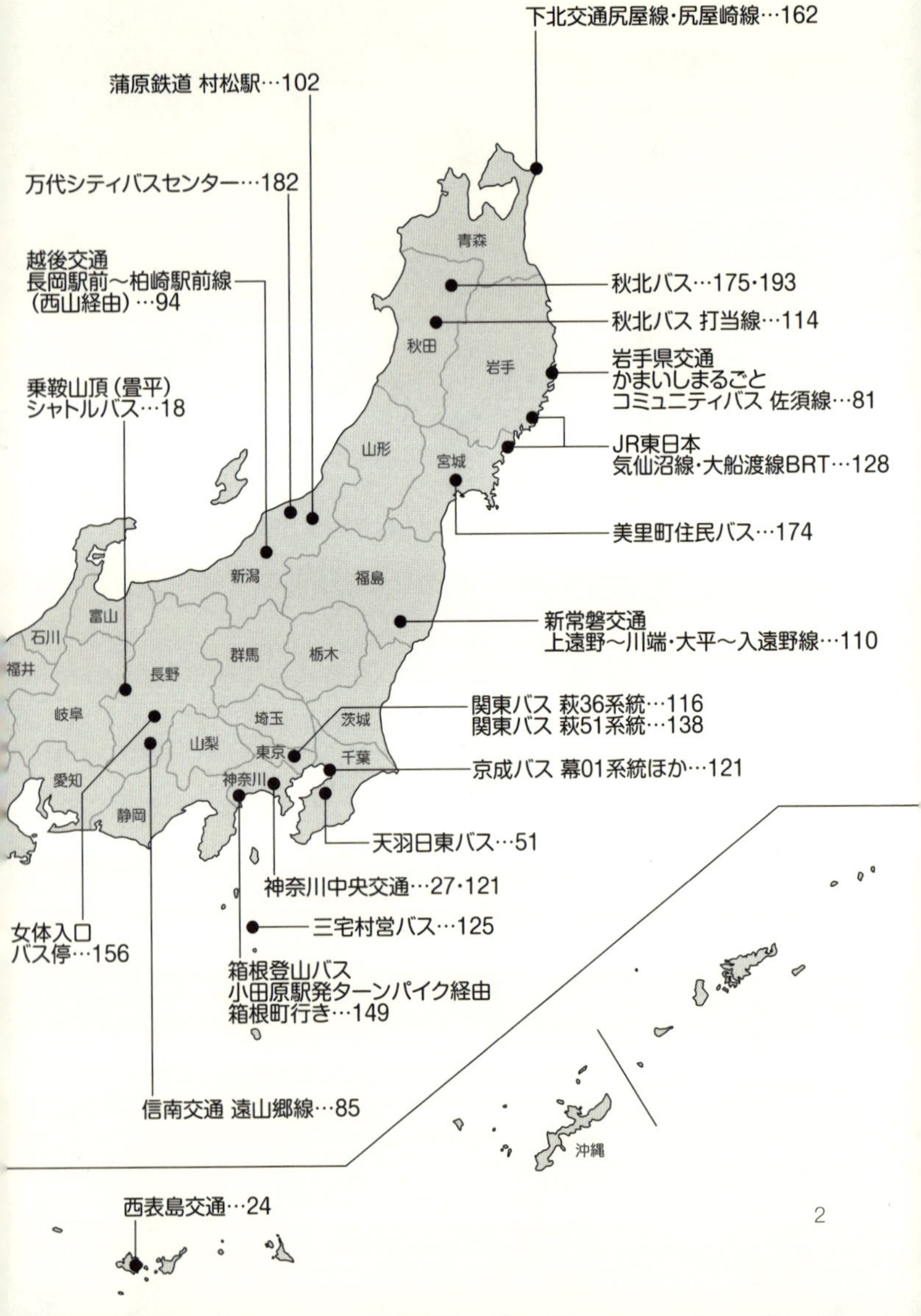

下北交通尻屋線・尻屋崎線…162
蒲原鉄道 村松駅…102
万代シティバスセンター…182
越後交通
長岡駅前～柏崎駅前線
（西山経由）…94
乗鞍山頂（畳平）
シャトルバス…18
秋北バス…175・193
秋北バス 打当線…114
岩手県交通
かまいしまるごと
コミュニティバス 佐須線…81
JR東日本
気仙沼線・大船渡線BRT…128
美里町住民バス…174
新常磐交通
上遠野～川端・大平～入遠野線…110
関東バス 荻36系統…116
関東バス 荻51系統…138
京成バス 幕01系統ほか…121
天羽日東バス…51
神奈川中央交通…27・121
三宅村営バス…125
女体入口
バス停…156
箱根登山バス
小田原駅発ターンパイク経由
箱根町行き…149
信南交通 遠山郷線…85
西表島交通…24
青森
秋田
岩手
山形
宮城
新潟
福島
富山
石川
福井
長野
群馬
栃木
岐阜
埼玉
茨城
山梨
東京
千葉
愛知
神奈川
静岡
沖縄

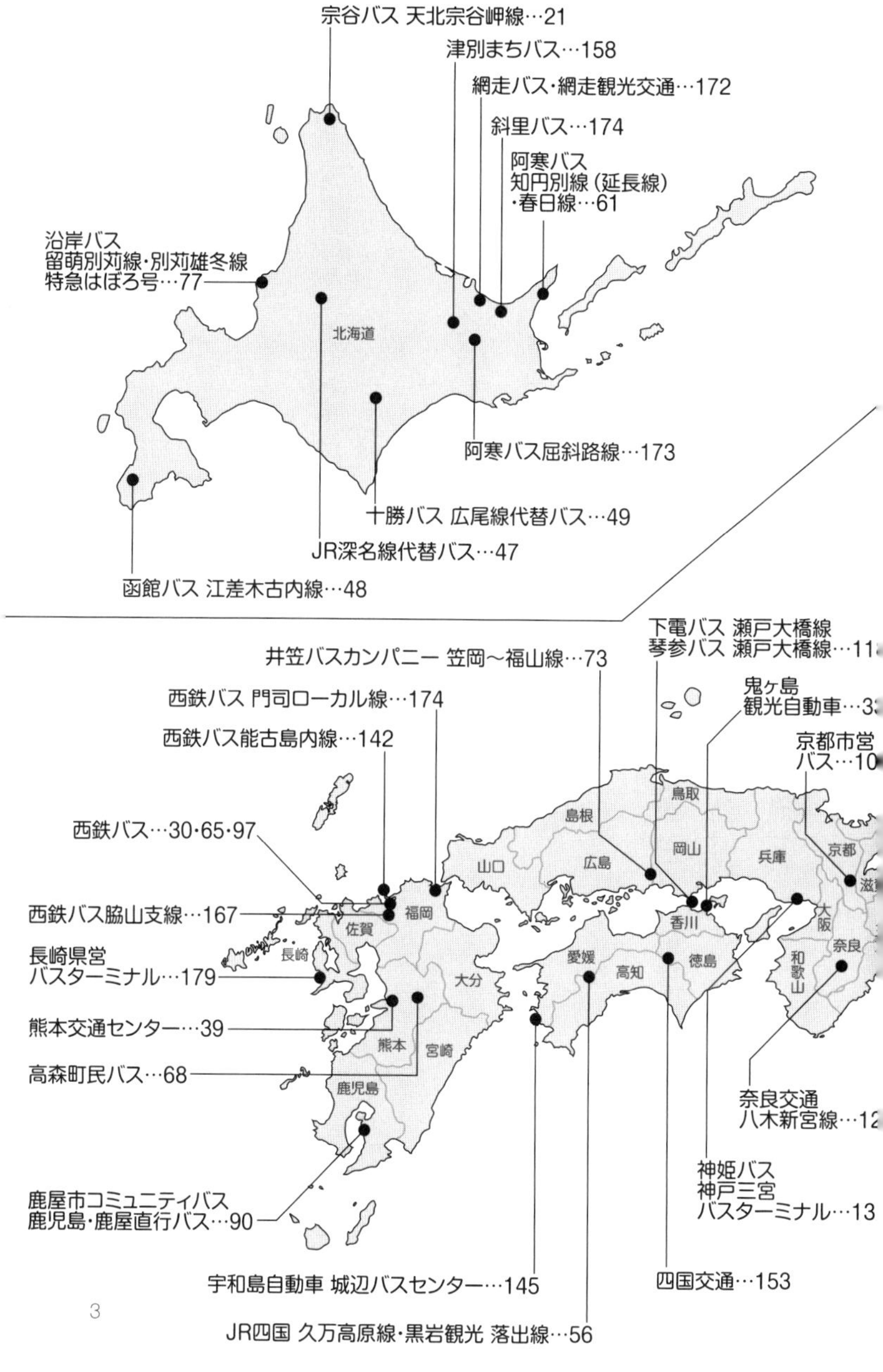
宗谷バス 天北宗谷岬線…21
津別まちバス…158
網走バス・網走観光交通…172
斜里バス…174
阿寒バス
知円別線（延長線）
・春日線…61
沿岸バス
留萌別苅線・別苅雄冬線
特急はぼろ号…77
北海道
阿寒バス屈斜路線…173
十勝バス 広尾線代替バス…49
JR深名線代替バス…47
函館バス 江差木古内線…48
下電バス 瀬戸大橋線
琴参バス 瀬戸大橋線…11
井笠バスカンパニー 笠岡〜福山線…73
鬼ヶ島
観光自動車…3
西鉄バス 門司ローカル線…174
西鉄バス能古島内線…142
京都市営
バス…10
鳥取
島根
岡山
兵庫
京都
山口
広島
西鉄バス…30・65・97
滋
大
阪
福岡
佐賀
香川
西鉄バス脇山支線…167
長崎県営
バスターミナル…179
長崎
愛媛
高知
徳島
和
歌
山
奈良
大分
熊本交通センター…39
熊本
宮崎
高森町民バス…68
鹿児島
奈良交通
八木新宮線…12
神姫バス
神戸三宮
バスターミナル…13
鹿屋市コミュニティバス
鹿児島・鹿屋直行バス…90
宇和島自動車 城辺バスセンター…145
四国交通…153
JR四国 久万高原線・黒岩観光 落出線…56

目次

第1章 ナンバーワン&オンリーワン 全国唯一の個性派路線

第2章 車窓の向こうに見えてくる 土地柄を映し出すバス路線

第3章

背景を知れば思わず納得
施設と車両の不思議

第4章

なぜそんなことになった？ 全国路線バスの面白トリビア

カバーデザイン／杉本欣右
本文編集・執筆／風来堂
写真・執筆協力／青柳智規 池田 亮 石川大輔 沖浜貴彦（ちょんびん）かとうちあき 白井いち恵 須田浩司 武田康弘 田中智大 増山かおり 南陀楼綾繁 保田明恵 渡辺誠吾 MAKIKYU Scene-B バスターミナルなブログ 各バス会社
本文デザイン／LUSH!

第1章

全国唯一の個性派路線

ナンバーワン&オンリーワン

運行距離日本一

全長約百六十七キロを六時間半で走る日本一の長距離路線バス

高速道路を走らない一般路線バスとして、運行距離、バス停の数、走行時間で日本一を誇るのが奈良交通の「八《や》木《ぎ》新宮《しんぐう》線」だ。

奈良盆地南部の近鉄大和八木駅から国道一六八号線を通って紀伊半島を縦断し、太平洋岸の熊野灘に近いJR新宮駅まで全長は百六十六・九km、バス停の数は百六十七ヵ所。八木発と新宮発それぞれ一日三便が運行され、起点から終点までは約六時間半かかる。

現在はすべてのバス停に停まるのだが、「特急」の表示はかつて一部のバス停を通過する特急運転を行っていた名残である。とはいえ、乗降客がいないバス停は通り過ぎるため、実際に停まるところは少なく、特急といっても差し支えはなさそうだ。

この路線が開通したのは、一九六三（昭和三十八）年三月一日のこと。経由するのは、奈良県橿原《かしはら》市、大和高田市、葛城《かつらぎ》市、御所《ごせ》市、五條《ごじょう》市、十津川《とつかわ》村、和歌山県田辺市、新宮市の八自治体。国道一六八号線の改良工事が竣工し、陸の孤島といわれていた十津川村の集落へもアクセスしやすくなった。

当初は一日三往復の直行便のうち、二往復を奈良交通バスが、一往復を熊野交通バスが担当。奈良側の発着は奈良市の東大寺大仏殿近くの「奈良大仏前」バス停だった。運行距離は現在よりも長く百九十六km、終点まで約八時間を要した。熊野交通バスの便は、橋本駅発着だった。奈良大仏前からは北山峡を経由する新宮行きも運行され、紀伊半島を貫くように走る二大路線の開通により交通の便は飛躍的に向上し、高度成長期の産業と観光の発展にも役立った。

最盛期には予約が殺到し、同時に二台の車両を走らせるほどだったという。しかし、過疎化や自家用車の普及などで乗客は減り、一九八三（昭和五十八）年には両系統とも路線を縮小し、大和八木駅発着に変更された。さらに熊野交通が撤退し、現在まで奈良交通の単独運行となっている。

一時は存続の危機が報じられたこともあるが、奈良交通は沿線自治体から補助金を受け、維持することを決めた。二〇一三（平成二十五）年には開通五十周年を迎え、半世紀の節目を祝う記念式典や特別企画ツアーが実施されるなど盛り上がりを見せた。

現在の車両は五代目で、一九九二（平成四）年から専用車として使われている「日野U－HU3KLAA」だ。全長は約十・三メートル、ホイールベースが約四・八メートルと一般的な路線バスの車両より〇・九メートル短く、急なカーブも曲がりやすい。車内前部にある二面の液晶モニターには、次のバス停や料金、沿線の見どころなどが映し出される。二〇一五（平成二十七）年十一月には新型のノンステップバス「日野QDG－KV290N1」を三台導入。バリアフリーに対応したほか、長時間の乗車に配慮してハイグレードな座席を装備している。車体は沿線市町村のキャラクターや観光スポットなどのイラストでラッピングされていて賑やかだ。

途中下車をしながら観光も楽しみたい

沿線には見どころも多く、天辻《てんつじ》峠、猿谷《さるたに》ダム、十津川温泉、湯《ゆ》の峰《みね》温泉、新宮高校付近などでは車内に音声案内が流れる。ヘアピンカーブが続く山道はバス一台が通るのがやっ

山また山の秘境・十津川村をバスは駆け抜ける

途中の十津川温泉では休憩タイムあり

とで、対向車とのすれ違いが困難な区間もあるなど過酷だ。

国道一六八号線は台風や落石などで通行止めになることも多く、二〇一一（平成二十三）年の紀伊水害の影響で、現在も一部に迂回運行が続く。長丁場だが途中で運転手の交代はなく、車内にトイレもないため、五條バスセンターで十分、「上野地《うえのじ》」バス停で二十分、「十津川温泉」バス停で十分ほどと、計三回の休憩を取ることになる。

中でも、上野地は高さ五十四メートル、全長二百九十七メートルと、生活用の鉄線吊り橋としては日本有数の長さを誇る「谷瀬《たにぜ》の吊り橋」が近く、見逃せないポイントだ。一度に渡れるのは二十人までで、中央へ行くほど揺れが大きくなり、ちょっとしたスリルが体感できる。十津川温泉ではバス停の隣りに源泉が湧いていて、珍しい源泉販売スタンドもある。

起点から終点まで乗り通したときの運賃と同じ五二五〇円で購入できる「168バスハイク乗車券」を利用すると、同一方向に限り途中下車が可能。二日間有効なので、十津川温泉などで宿泊した翌日も乗車できて便利だ。車内では販売しておらず、近鉄の駅近くにある奈良交通社の窓口や新宮駅前にある熊野交通の出札所などで購入できる。

途中下車をしながら観光するなら、八木発よりも朝が早い新宮発の便がおすすめだ。五

終点間際の料金表示額から長大路線なのが分かる

時五十三分発の始発に乗れば、熊野本宮大社には七時過ぎに到着し、澄んだ空気の中で参拝できる。次の便で十時過ぎに十津川温泉に行けるので、営業開始時間からすぐの公衆浴場で一番風呂に入れる。

そのほかにも、「紀伊山地の霊場と参詣道」として世界遺産に登録されている熊野参詣道小辺路《こへち》や、江戸時代の面影を残す五條新町周辺の街並などを歩くのもいいだろう。観光スポットや温泉が豊富で、山間の自然美を楽しむこともできる「八木新宮線」。都会の喧騒を離れて、スローな旅を体験してみては。

標高
日本一

標高二千七百二メートル！期間限定の登山者向けバス

北アルプス南端に位置する乗鞍岳《のりくらだけ》は、日本百名山のひとつ。その麓を通る岐阜県側の「乗鞍スカイライン」と長野県側の「乗鞍エコーライン」は、日本一の高所を走ることができる二本の山岳道路だ。ともに混雑防止と自然保護のために、二〇〇三（平成十五）年五月十五日よりマイカー規制が実施されており、一般の車両は通行できない。そのため、登山者はシャトルバスを利用して入山することになる。例年、雪の時期には通行止めとなり、全線開通となる期間は乗鞍スカイラインが五月十五日から十月三十一日まで、乗鞍エコーラインが七月一日から十月三十一日まで（道路状況などによる変更あり）。

シャトルバスは、岐阜県側の乗鞍スカイラインルートは平湯《ひらゆ》温泉バスターミナルからほぼ一時間に一便運行され、終点の「乗鞍山頂（畳平《たたみだいら》）」バスターミナルまでは所要約一時間。ほおのき平駐車場からは約三十分に一便で、終点まで約四十五分。料金はどちらから乗っても、往復二三〇〇円。長野県側の乗鞍エコーラインルートは、乗鞍高原「観光センター前」バス停からほぼ一時間に一便の運行で、終点まで約五十分、往復二五〇〇円。晴れの日と雨の日とではダイヤが異なるため、その点は注意が必要だ。

基本的に申し込みは不要で、十名以上の場合は営業所に連絡することになっている。夏休み期間中や紅葉の時期には臨時増発便が出ることもあるが、バス乗り場には長蛇の列ができるので、なるべく時間に余裕をもって行動したほうがよいだろう。

走行中には雄大な北アルプスの名峰が見渡せ、連続したヘアピンカーブを曲がり、少しずつ高度を上げて行くバスの車窓から見下ろす景色は格別だ。遅い春には十メートル近くある雪壁の間を通り抜け、夏には色とりどりの高山植物が咲く花畑を眺め、少し早く訪れる秋には鮮やかに色づいた紅葉を愛でるなど、四季折々に楽しみは尽きない。

バスの利用で三千メートル級の登山も楽々

標高二千七百二メートルの「乗鞍山頂（畳平）」バスターミナルは、日本の公共交通機関の車両が到達できる最高地点。ここまでシャトルバスで行けば、乗鞍岳の登山にも挑戦することが可能だ。ただし、麓のほおのき平駐車場は標高千二百三十四メートルなので、標高差は約千五百メートル。一気に登ったことで高山病にならないよう、休憩はしっかり

乗鞍山頂(畳平)バスターミナル。日本屈指の高所のバスターミナルだ

取りたい。バスターミナルの一階には売店と軽食コーナー、二階には展望レストランがあり、食事や休憩ができる。

バスターミナルのすぐ下には「天空のお花畑」と呼ばれる花畑が広がっており、七月上旬から八月中旬にかけて、ハクサンイチゲやミヤマキンバイなどの高山植物が一面に咲き、可憐な姿を見せてくれる。周辺には三十分くらいで一周できる遊歩道も整備されている。

畳平から標高三千二十六メートルの剣《けん》ケ峰《みね》まではお花畑を通るコースと鶴ケ池横を通るコースがあり、一時間三十分ほどで山頂まで登れ、北アルプスの山々の大パノラマが堪能できる。ほかにも、標高二千八百十七メートルの富士見岳へは徒歩三十五分、標高二千七百七十二メートルの大黒岳へは徒歩二十分、二千七百六十三メートルの魔王岳へは徒歩わずか十五分程度だ。

七月中旬から九月中旬までは、ご来光バスも運行。シャトルバスのチケットがセットになった宿泊プランなども販売されている。雲海のかなたから現れて輝く朝日は、忘れられない光景になるだろう。

日本最北端

北海道の雄大な景色を眺めバスは北の果てを目指す

北海道稚内《わっかない》市に本社を置く宗谷《そうや》バスは、日本国内で最北の営業エリアを持つ、日本最北端のバス会社。稚内市街をはじめ、利尻《りしり》島、礼文《れぶん》島といった離島の路線バスや、観光シーズンに運行する定期観光バス、稚内〜札幌間などの長距離バスなどを運行しており、その中には旧天北《てんぽく》線や旧興浜北《こうひんほく》線など、旧国鉄線やＪＲの廃止代替バス路線も含まれている。

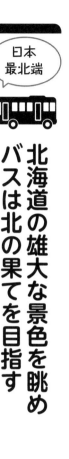

現在、日本最北端を走るバスは、音威子府《おといねっぷ》駅から稚内駅までを結ぶ「天北宗谷岬線」だ。この路線は、音威子府から南稚内に至る百四十八・九キロメートルの旧国鉄天北線を引き継いだもの。かつて日本最北端の駅、稚内駅へ至る鉄道路線は、音威子府から幌延《ほろのべ》・豊富《とよとみ》を経由する宗谷本線のほかに、オホーツク海側を経由する天北線があったのだ。

天北線は一九八九（平成元）年五月に廃止された。宗谷バスが代替バスの運行を始めた当初は、路線名も鉄道と同じ「天北宗谷線」で、快速二往復を含め下り五便、上り六便の運行だったという。沿線の人口減などで運営状況は厳しく、二〇一一（平成二十三）年十

月からは鉄道時代の経路を一部変更。内陸部を通るルートから海沿いを通って日本の最北端・宗谷岬を経由するルートにし、名称も「天北宗谷岬線」とすることで、観光客の利用を増やした。

現在、一日の運行便数は下りの音威子府～稚内間が二便、上りの稚内～音威子府間が三便、浜頓《はまとん》別《べつ》高校と稚内などの一部区間の運行が下り六便、上り七便。特に利用者の少ない音威子府～中頓別の区間は、二〇一六（平成二十八）年十月に廃止され、予約制の乗合タクシーに転換される予定だった。しかし、十人乗り程度のワゴンタクシーで乗りきれない場合に小型バスを出すなどすると、現行のバス路線維持より負担額が増すことが判明。そのため、当面は現行のバス路線を維持することになったという。

起点の「音威子府」バス停から終点の「駅前ターミナル（稚内駅）」までの間にある、バス停の数は百二十二。音威子府駅の構内には、麺もつゆも黒い音威子府そばで有名な

「常盤軒《ときわけん》」があり、その隣りの「天北線資料室」には鉄道在りし日の写真や地図、ジオラマなどが展示されている。「中頓別」、「浜頓別」、「鬼志別《おにしべつ》」ではそれぞれ十分のトイレ休憩があり、各ターミナル内にも資料が展示され、廃線となった天北線の歴史を振り返ることができる。

天北線の歴史を振り返りつつ宗谷岬へ

音威子府から浜頓別まではほとんど何もない道を走り、その先は海沿いの国道二三八号線を、右手にオホーツク海、左手に原野や牧草地帯を眺めながらひた走る。冬期は雪が積もることも珍しくないが、雪道でも定時運行が基本で大幅な遅延は少ないというからすごい。

宗谷岬には日本最北端の碑が立ち、天気に恵まれれば、海の向こうにサハリンの島影も見られる。風の吹きすさぶ岬に立ち、最果ての地を訪れたことを実感したい。

宗谷岬から稚内までは、およそ五十分。右手に日本海、左手に原野を見ながら走ると、やがて市街地に入り稚内駅に到着する。音威子府からの所要時間は休憩を含めて四時間三十分。北海道の自然が間近に感じられるバス旅ならではの充実感が得られるはずだ。

日本最南端

ジャングルの島をゆく南の果ての路線バス

東京から二千km、沖縄本島から四百km離れたところにある八重山《やえやま》諸島。その中心となる、石垣島・離島ターミナルから西表島《いりおもてじま》までは、高速船で約四十五分。人口は約千四百人。島のほとんどが亜熱帯のジャングルで、天然記念物のイリオモテヤマネコが生息する島としても知られている。他にも日本で最大のマングローブの原生林や、海を水牛で渡って行ける由布《ゆぶ》島、沖縄県最大の落差を誇るピナイサーラの滝、沖縄県最長の浦内川、その上流のマリユドゥ・カンピレーの滝など観光資源に恵まれている。

この島を約半周するかたちで県道二一五号線が走り、西表島交通の路線バスが運行している。運行区間は日本最西端に位置する「白浜」バス停から、日本最南端のバス停である「豊原《とよはら》」バス停間を結ぶ、日本の最南端の路線バスである。

このバスを運用する西表島交通は、一九七三（昭和四十八）年に事業開始の免許を取得

道路は島の外周部にあり爽快な風景が続く

した、創業四十年ほどのバス会社である。四台のバスを保有しており、神奈中バスなどの中古車両を使用している。海沿いを走ることから車両の劣化が早いため、買い替えのサイクルが短く、比較的安い中古車を導入しているのだ。

関東を駆け抜けたバスが今も現役

乗車すると、機械で自動化された運賃箱ではなく、シンプルな箱でできた運賃箱が設置されているのが目に入る。西表島のバスは乗車の際に運転手に降車するバス停を申告し、運賃を支払うシステムで、降車するバス停が近づくと運転手がマイクで案内

白浜に停車中の豊原行きバス

してくれるため、車内案内表示はなく、押しボタンも機能していない。また、以前は燃料の原料に西表島や石垣島の家庭などから出た廃食用油を使用したバイオディーゼルが使用されていたが、廃油が集まらない等の理由もあり、現在は軽油を使用している。

バスの便数は午前と午後にそれぞれ二往復ずつの、計四往復。全便が全区間を通して運行し、運行距離は約五十km、約一時間四十五分をかけて巡ってゆく。最低運賃は一三〇円、全区間乗車で一二八〇円で、バス停以外の場所でも乗り降りできるフリー乗降制が導入されている。なお、一日フリーパス（一〇三〇円）、三日間フリーパス（一五四〇円）がバス車内で販売されている。海が見える区間が多いので、車窓風景を楽しみながらゆっくりと島を堪能できる。

保有台数
東日本一

驚異の保有台数と路線数！時代とともに進化する神奈中バス

横浜などの都市部を走る路線から、自然が豊富な伊勢原や高尾方面を走る路線など、三浦半島や足柄・箱根は除く神奈川のほぼ全域と、町田市・多摩市・八王子市などの東京都南多摩地域を中心に路線バスや貸切バスの運行を行っている、神奈川中央交通（通称「神《か》奈《な》中《ちゅう》バス」）。バスの保有台数は千九百四十八台（うち空港リムジンバス、深夜急行線、高速バスの限定線車両が十一台）、路線数は九百三十一系統と、ともに東日本最大を誇る。また二〇一五（平成二十七）年度には、年間輸送人員は二億三千五百三十八万人となる。

神奈中バスの歴史は古く、一九二一（大正十）年に相武自動車株式会社として創立され、百年近い歴史を誇る。一九五一（昭和二十六）に、商号を現在の神奈川中央交通株式会社に変更した。一九五〇年代後半は、人口増加に伴い都市部では住宅不足を解消するため、大規模な団地が次々と建てられた。神奈中エリアも例外ではなくバスは需要が増加し、一九七〇年には路線バス保有台数は千台を超えた。しかし、一方では輸送力の増強に伴い、

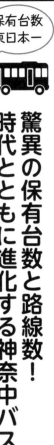

車掌の要員不足が起こる。そこで当時一部の路線で行われていたワンマン化を進めることになり、一九六二（昭和三十七）年にはワンマンバスの運行を開始。一九六五（昭和四十）年には、日本初の整理券方式のワンマンバスが運行を始めた。

全国に先駆けた取り組みも盛りだくさん

この後も神奈中バスは全国に先駆けてさまざまなシステムを導入していく。一九七〇（昭和四十五）年には、日本では初めてとなる深夜バスの運行を開始。これは当時入居が始まったばかりの鶴川団地の住民から神奈中バスに対して、小田急小田急線鶴川駅からの最終バスの延長の申し出があり、二十三時台に二本の深夜バスを設定した。このバスは貸切免許の乗合許可（当時）という扱いとし、運賃は通常の三倍である六〇円に設定され、定期券を利用することはできなかった。これ以降深夜バスの運行系統は年々増加し、一九八七（昭和六十二）年には五十系統以上の深夜バスが運行した。当時、東京都内の全事業者を合わせた深夜バスの系統数が約五十系統だったので、どれだけ多いかがわかるのではなかろうか。

一九八八（昭和六十三）年には、業界初となる多区間運賃制度対応のバス回数券カードシステムを採用する。当時回数券の利用者が全乗客の二十七％を占めており、事業区域内の多区間に対応させる目的で金種別に十九種類の回数券を用意していたが、すべての乗客が満足できるものではなかったためこのシステムを導入した。

また、二〇〇九（平成二十一）年には自転車ラックバスの本格運行を開始。自転車ラックバスとは、バスの前面に自転車を二台積載できる路線バスで、厚20系統本厚木駅～市立病院前～宮《みや》ヶ瀬《せ》線、厚19系統本厚木《ほんあつぎ》駅～市立病院前～上煤《すす》ヶ谷《や》線、厚16系統本厚木駅～市立病院前～宮《みや》の里《さと》線で運行している（積載料金は運賃のほかに一〇〇円）。

変わり種では、淵24系統淵野辺《ふちのべ》駅北口～登戸《のぼりと》、鶴22系統鶴川駅～調布駅南口、平44系統平塚～小田原などのように、日曜・祝日の早朝のみ、週に一便しか運行しない路線バスがある。このようなバスは全国各地で多数存在する。

神奈中バスは、見どころも多い。富士山が見える絶景スポットも多く、11系統「山谷《さんや》」バス停（横浜市南区）からは正面に大きな富士山を見ることができ、茅09系統「ヘッドランド入口」バス停（茅ヶ崎市）では海沿いを歩きながらロケーションを楽しむことができる。秦21系統「菜の花台」バス停（秦野《はだの》市）からすぐの菜の花台園地展望台は見晴らしがよく、晴れた日には富士山・相模湾・江ノ島を一望でき、夜景も美しい。

保有台数
西日本一

路線バス天国・九州の代表
福岡を拠点とする西鉄バス

福岡県でバス事業を展開する西鉄バス。かつては運行する路線のほとんどが西日本鉄道の直営だったが、一九八七（昭和六十二）年以降、路線バス業界全体に共通する厳しい経営状況を反映し、経営改善の一環としてバス事業は分社化された。さらに順次子会社に移管する路線を増やし、二〇〇一（平成十三）年八月一日以降は各社社名を「西鉄バス〇〇」に変更し、西鉄バスとして一体化している。

西日本鉄道は、一九二七（昭和二）年に千代町～宇美《うみ》～太宰府《だざいふ》間で筑前《ちくぜん》参宮鉄道、バス運輸営業を開始、一九二九（昭和四）年には門司《もじ》～折尾《おりお》間・中央区～戸畑間の九州電気軌道、バス運輸営業を開始した。西鉄バスの歴代車両をたどると当時のバスはアメリカ車が主流であり、六～十二人乗りのフォードやシボレーを使用していた。一九四〇年代には木炭バスが活躍し、二十七人乗りの通称トラバスという、車両不足をしのぐために払い下げのトラックがバスとして使用されていたこともあった。一九六〇（昭和三十五）年には全車ディーゼル化。一九五八（昭和三十三）年には西鉄初の大型二ドア車が導入され、乗り合いバスは二ドア車が主役となった。

ワンコインのお手頃価格で博多をぐるり

西鉄バスは、現在グループ全体で福岡県の六十市町村中四十九市町村と、佐賀県・熊本県・大分県の一部市町に一般路線を有する。バスの保有台数は西鉄バスのみで千六百十六台（西鉄バスグループ合計は二千四百七十六台）、百二十路線が運行。種別として、普通・快速・急行・特別快速・特急・直行・深夜などが存在している。一九八〇年代には三千五百台以上を保有していたが、自動車などの普及により一九九〇年代以降は保有台数が減少している。二〇一五（平成二十七）年度の年間輸送人数一億八八五〇万人、年間総走行距離は九億二八四〇万kmとなる。

西鉄バスではこれまでに、独創的なアイディアでさまざまな取り組みを行ってきた。一九九九（平成十一）年には「福岡都心一〇〇円バス」と「一〇〇円循環バス」がスタートする。博多駅・蔵本・天神《てんじん》・薬院《やくいん》駅前を結ぶ福岡都心エリアを「福岡都心一〇〇円バス」エリアとして、どのバスを利用しても運賃は一〇〇円。「一〇〇円循環バス」はJR博多駅から天神を経由して都心部を一回りするバスをいう。これは近距離利用の促進や都市部の渋滞の緩和を目的として実施され、運行エリア内の乗客数は前年比百七十三・九％となった。翌年には主要鉄道駅から近距離（約一㎞）にあるバス停間を一〇〇円で乗車できる「駅から一〇〇円・駅まで一〇〇円」バスや、二〇〇一（平成十三）年には小倉都心一〇〇円周遊バスを運行、二〇〇四（平成十六）年にはインターネットを使ったバスロケーションシステム「にしてつバスナビ」を開始するなど、サービスの向上に努めている。

西鉄バスが走る福岡は、二〇一五（平成二十七）年に世界文化遺産として登録された『明治日本の産業革命遺産』の構成資産のひとつ「三池炭鉱　宮原坑《みやはらこう》」（大牟田《おおむた》駅から15番、21番、25番に乗車、「早鐘眼鏡橋《はやがねめがねばし》」バス停下車）や「官営八幡製鐵所《かんえいやはたせいてつしょ》」（土・日曜・祝日には西鉄バス北九州が「北九州イノベーションギャラリー」を発着する周遊バスを運行）、小倉駅入口から170番のバスに乗車し「門司港レトロ」バス停下車で明治から大正にかけて造られた建物が残る門司港や、博多バスターミナルから11番に乗車し「太宰府《だざいふ》」バス停で下車すると太宰府天満宮など、見どころが多い。また、「漢委奴国王《かんのわのなのこくおう》」の金印が発見された場所として有名な志賀島《しかのしま》は、本土と陸続きになっている島で、天神地区18Ａ番の乗り場から約一時間十五分で行くことができる。

日本最小
バス会社

保有台数はたったの三台！瀬戸内に浮かぶ鬼ケ島のバス会社

路線バス、高速バスを含めた乗合バスの全国の事業者数は、二〇一五（平成二十七）年三月末現在で二千百七十一。そのうち、民営事業者の約九十六％が、資本金一億円以下の中小企業だ。保有車両数も、十台以下が全体の七十一・九％を占める。

全国で最も小さいバス事業者は、香川県高松市にある。瀬戸内海に浮かぶ女《め》木《ぎ》島を走る、鬼《おに》ケ島《しま》観光自動車株式会社だ。保有する車両は、なんとたったの三台。

女木島は、人口が二百人に満たない小さな島。中学校はなく、小学校も現在生徒がいないため休校となっているほど、過疎が進んでいる。産業は畑作と漁業、そして観光事業だ。

女木島には、フェリーで多くの観光客がやって来て見学して行く、人気のスポットがある。それが「鬼ケ島大洞窟」だ。昔話『桃太郎』で、桃太郎が鬼退治をした鬼ケ島が、この女木島だと伝えられており、鬼が住んでいた場所とされている。洞内は迷路のようで、鬼にゆかりのある見どころが豊富だ。

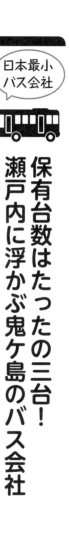

貴重な三台のうちの一台

フェリーが島に到着すると、港には鬼ケ島観光自動車のバスが待ち構えている。バスは港と鬼ケ島大洞窟を結ぶ。途中で停車はせず、利用するのも洞窟を見学する観光客のみ。そのため、バスには運賃箱は設置されておらず、下車の際に運転手に乗車券を手渡すかたちになっている。島の路線バスでありながら、観光のためだけに運行されるバスなのだ。

夏休みなどの繁忙期は、三台で観光客を輸送するが、それ以外の期間は一台の車両がメインで走り、もう一台は予備として港に駐車されている。潮風にさらされて赤く錆びた車体のまま、バスは島内を走り続けるのだ。

北海道初

北の大地・北海道を走る路線バスの原点とは？

毎年九月二十日は「バスの日」に定められている。一九〇三（明治三十六）年のこの日、京都府京都市において日本で初めて路線バスが営業を始めたことに由来している。路線バスが誕生してから百十年以上、その歴史の変遷は地域によって大きく異なる。

日本の北端、北海道に最初に路線バスが誕生したのは、京都に遅れること十一年後の一九一四（大正三）年のことだ。二月二十二日付の函館新聞に、バス路線のために開設された北海自働車共同組合による、バスの試乗会の記事が載っている。そこには同年四月からの函館～江差《えさし》のバス路線営業開始についても触れられているが、これらの営業について新聞以外には明確な記録は残されていないという。

きちんとした記録が残っている北海道初の乗合バスは、根室《ねむろ》町（現・根室市）のバスだ。同年六月、馬車運送業を営む大津滝三郎《おおつたきさぶろう》が根室一円及び根室～厚岸《あっけし》でバスによる旅客業を始めた。さらに同じ年、続いて釧路でも小川勇次郎《おがわゆうじろう》が八人乗りのフォード社製の幌型中型車で営業を開始。これらが、北海道の路線バスの始まりとされている。ただし、根室のバスがわずか一年半で赤字を出して廃業してしまったように、北海道のバス黎明期は、順調な営業とはなかなかいかなかったようだ。

それから数年の間、函館や三石《みついし》、静内《しずない》、室蘭《むろらん》など、北海道各地で次々とバス事業者が誕生していった。北海道の隅々まではまだ鉄道網が及んでおらず、バスの機動力が期待されたためである。また、第一次世界大戦による戦争景気も影響していた。道内には豆やハッカなどで成金となった者が多かったが、ヨーロッパの国々が復興を始めると日本経済は恐慌に見舞われ、農産物の価格も暴落。そこで、短期間で現金収入が見込め、路線開設の免許と、路線の譲渡相続・廃止に地方長官の許可さえあれば営業を始められるという、バス事業へと参入する小規模業者が一挙に増加したのだ。

道路開拓の責任をも担う北海道のバス事業

しかし、近代になってから開拓が開始された道内は、まだまだ悪路が多く、バス事業も簡単には進まなかった。そこで、日本で初めて自動車専用道路を造りバス事業を開始したのが、函館の旭《あさひ》自動車株式会社だった。函館市大森町から湯川《ゆかわ》までの約四キロメートルで木管敷設工事を行い、バスを走らせた。また、その他の地域のバス業者も悪路に悩まされた。函館市湯川―戸井《とい》で事業を営んでいた藤野自動車の創業者は、当時を振り返り「道路の補修はほとんど自費で行わねばならず、自動車の収入は道路の補修に使って、結局赤字経営であった」と手記を残している。このように、バス事業とともに、道路開拓や補修も行っていたのだ。

この時期、札幌や函館では電車（現在の市電）が走り始め、都市部の交通はさらに便利になっていった。一九二六（大正十五）年に設立された札幌自動車合資会社は、札幌市内だけでなく、札幌よりも遠隔地へ路線を延長。余市《よいち》～古平《ふるびら》、寿都《すっつ》～原歌《はらうた》などの道央地域や、標津《しべつ》～羅臼《らうす》などの道東、稚内桟橋～宗谷～尻臼《しりうす》などの北側のエリアまで、鉄道網を補完する形で、北海道全域にバス交通網を広げていった。

しかし、日中戦争が始まると様相は一変する。一九三七（昭和十二）年九月には、輸出入品等臨時措置法や軍需工業動員法の適用に関する法律などが定められ、ガソリンの供給が軍の管理下に置かれた。やがて、消費統制が行われるようになり軍事用での使用が優先され、バスやタクシーなどの公共交通機関がガソリンを入手することが困難となってしまった。

また、一九四〇（昭和十五）年四月には、自動車交通事業法が改正され、これをもとに都道府県単位での組合の設立や、組合による運賃や運輸の統制、物資配給が行われることが定められた。全道を七つの地域に分けて、事業者を整理することとなったが、前代未聞の大規模統合であったため、調整は難航した。最終的に全地域での調整がまとまったのが一九四四（昭和十九）年。一九四五（昭和二十）年一月一日付での発表では、それまで全道で九十九あったバス事業者が、民間七、公営二の九業者に統合された。これが、現在も営業を続ける北海道のバス業界の基盤となっている。

戦後は車両の老朽化や燃料不足などで困窮を極めたが、次第に復興を果たしていった。国家統制のもとに誕生した北海道乗合旅客自動車運送事業組合も一九四七（昭和二十二）年には解散し、一九五〇（昭和二十五）年までにはバス業者は二十まで増えていた。高度経済成長期を経て、北海道のバス業界はますます発展していく。

現在、北海道バス協会に加盟している、乗合バス・貸切バスの事業者は全部で百十七（二〇一六年七月現在）。一九七二（昭和四十七）年に開催された札幌冬季五輪の際には、道内に高速道路が整備され、各都市を結ぶ都市間急行バスも誕生した。都市間バスは、現在、五十四路線が運行している。

最大規模のターミナル

かつては東洋一の規模だった!?
熊本交通センター

人口七十余万、加藤清正《かとうきよまさ》公がこの地に築城して四百年を迎えた熊本市。熊本城を見上げながら路面電車が行き交う光景は、熊本市民にあまねく愛されている。しかし、それ以上に熊本の街の日常風景となっているのは、青・赤・緑・黄と、各社色とりどりに並んで走る路線バスの存在ではないだろうか。熊本都市圏で事業展開する路線バス事業者は、大きく分けて四社。最大手が九州産交《きゅうしゅうさんこう》グループで、熊本電気鉄道、熊本バス、そして熊本市交通局のバス事業を引き継いだ熊本都市バスと並ぶ。

この熊本都市圏の路線バスの発着を一手に担ってきたのが、バスターミナルの「熊本交通センター」だ。発着バースは国内最大の三十六を数え、利用人員は九州新幹線が発着するＪＲ熊本駅を大きく引き離す。敷地には、ホテル・百貨店・地下商店街・ボウリング場・立体駐車場を備え、一九六九（昭和四十四）年の開業から四十六年間にわたり、長らく熊本都心部のランドマークの一つに位置していた。

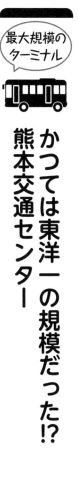

それが運営会社の親会社である、九州産業交通ホールディングスによる建て替え工事のため、二〇一五（平成二十七）年九月、その歴史にいったん幕を下ろすこととなった。現在は、仮ターミナルでの運用となっている。

茨の道だった交通センター建設まで

熊本交通センターの計画は古い。当時の九州産業交通社長・岡力男《おかりきお》が、最初のターミナル計画を企てたのは昭和三十年代のことである。熊本城のお膝元、辛島町記念碑前の路上にバスを並べて改札を行っていた「産交バス中央バス停」が、区画整理で立ち退きの対象に含まれた。そこで、後に九州産交本社ビルが建つ、専売公社の土地を取得したことに始まる。

その頃の熊本市中心部のバスの発着は、熊本バスが熊本市随一の繁華街である新市街。熊本電鉄バスと市営バスが花畑町の旧熊本県庁前の路上といった具合。各社各様に路上での乗降扱いを行っていたことから、バスを乗り変える客などは乗り場探しに右往左往とする状況で、各社共通のバスターミナルの必要性が取沙汰された。ところが、各社のバスをまとめるには、先に取得した専売公社跡地では敷地が狭隘《きょうあい》であることから、岡力男は市内

閉鎖となる前の熊本交通センター

中心部に新たな敷地を求めることになったのだ。

一九五七（昭和三十二）年に、現在の日本郵便九州支社のあたりにあった、城東小学校・第一高校などが移転し、広大な県有地が競売にかけられることとなった。商店街や官公庁街に隣接し、バスターミナルとしては格好の土地ではあるが、まだ経営が安定していなかった九州産交単体では、その土地を取得することは難しかった。

その後、バスターミナル計画は、一九六三（昭和三十八）年に熊本県庁の移転計画が持ち上がったことにより、大きく進展する。岡力男は県庁跡地での、バスターミナル建設を決意。バスターミナル建設委員会を立ち上げ、委員長に熊本日日新聞社長を据えるなど、熊本県内政財界人の多くを委員に選定することに成功した。

一九六七（昭和四十二）年、同市水前寺に県庁新庁舎が落成し移転した。そのバスターミナル計画は、五十バースにのぼる乗り場を持ち、地下商店街やボウリング場、緑地帯などを配した雄大な計画で、実現した交通センターよりもはるかに大規模なものであった。

苦難を乗り越え果たした奇跡の大事業

こうして県庁移転も完了し、県庁跡地の売買契約も済み、交通センターの移転も順調に進むと思われた矢先、バスターミナル計画に、また新たな暗雲が立ち込めることとなる。九州電気通信局の移転計画である。

交通センターとしては、当時各バス会社からの要求された乗り場バースが八十を越え、それをなんとか五十バースに抑えるよう調整するのに苦心していたところ。結局、旧県警察本部があった熊本城側の三分の一を電気通信局に、立地条件の悪い残りの三分の二を交通センターに売却することになり、ようやくバスターミナルの着工にこぎつけた。

熊本交通センターのオープンは、最初の計画が持ち上がってから実に十五年後のことだ。関係者の多くの努力によって、三十二バースを擁す東洋一のバスターミナルと、ホテル、地下商店街、ボウリング場などが一挙に営業を開始した。交通センターでは、その後、隣接する専売公社跡地を取得し、一九七三（昭和四十八）年に増築分が完成し、東京の伊勢丹と福岡の岩田屋の両デパートの共同出資によるショッピングセンターを併設した。このとき、乗り場も四バース増設され、ついに全三十六バースの巨大バスターミナルの全貌が完成した。

この増築の際、いよいよ熊本にも中央のデパートが進出するということで、当時、地場随一の大洋デパート山口社長の意のままに動いていた熊本商工会議所や、市議会の一部会派の反発が激しく、万難を排してようやく開業にこぎつけたといわれている。政争県熊本における様々な障害をうまく交わしながら、ここまでの巨大バスターミナルを完成させるには、先頭に立って建設をリードした、九州産交の当時の会長、岡力男なくしては実現しなかった。

近年、昭和三十年代から四十年代に建てられたバスターミナルが、全国各地で急速に姿を消している。熊本交通センターも取り壊し工事の最中で、その姿を見ることはできない。しかし、各地のバスターミナルがただ解体されていくのとは違い、熊本交通センターは新ターミナルの建設が進行中だ。数年後に再びここに蘇るだろう賑わいを楽しみにしたい。

第2章

車窓の向こうに見えてくる
土地柄を映し出すバス路線

JR代替バス（北海道）

鉄道の廃線により生まれた北海道の代替バス路線

全都道府県中で最大の面積を持つ北海道は、移動手段としてバスが果たす役目がかなり大きい。中核都市同士の距離がかなり長いこともあり、北海道の路線バスは長距離を走るものが多いのが特徴だ。その背景には、旧国鉄の特定地方交通線、いわゆる赤字ローカル線の廃線が相次ぎ、路線バスがその代替交通手段となったことがある。

かつての日本の交通手段の中心は鉄道であり、国鉄が全国に鉄道網を張り巡らせていた。しかし、自動車の普及や高速道路の整備、航空路線の充実によって少しずつ旅客や貨物を奪われていく。一九七〇年代には労働組合によるストライキが頻発したことも利用者を離れさせ、国鉄は巨額の赤字を抱えることになった。

一九八〇（昭和五十五）年に成立した国鉄再建法により、国鉄の経営合理化が進められた。輸送量の多い路線は幹線、少ない路線は地方交通線とされ、特に利用者が少ないもの（旅客輸送密度四千人未満）の路線は特定地方交通線に指定された。特定地方交通線はほ

かつての幸福駅近くの「幸福」バス停

かの輸送手段への代替が適当とされ、順次廃止される方針となった。一九八一（昭和五十六）年から一九八六（昭和六十一）年にかけ、特定地方交通線が三次にわたって指定され、北海道では二十二もの路線が廃止対象になった。沿線の自治体などが出資する第三セクターに引き継がれた路線もあるが、多くは路線廃止のうえで、バスによる代替輸送が採用された。

北海道の代替バス路線の一例が、ジェイ・アール北海道バスの「深名《しんめい》線」である。石狩《いしかり》平野の北の端にある深川市と、道北にある名寄《なよろ》市を結んでいる。経由する幌加内《ほろかない》町は人口密度が低い町であり、そばの作付面積・収穫量ともに日本一を誇る「そばの町」でもある。かつて両市を結んでいたＪＲ深名線は典型的な赤字路線であり、国鉄再建時代から廃止が検討されていた。しかし、代替道路が未整備であるという理由で、廃止は見送られていた。

だが、国鉄の民営化後に代替道路の整備が進んだものと判断され、一九九四（平成六）年十二月に廃止が発表された。ＪＲ北海道は、便数を当初予定の二倍にするなど、住民に配慮した対応をし、廃線は最終的に承認された。翌一九九五（平成七）年九月をもって深名線は廃止となり、ＪＲ北海道が代替バスの運行を開始した。その後、ＪＲ北海道のバス部門は分社化し、運営会社名はジェイ・アール北海道バスとなっている。

現在、函館バスが運行する「江《え》差《さし》木《き》古内《こない》線」も、同様の経緯をたどっている。ＪＲ北海道の江差線は、函館市の五稜郭《ごりょうかく》駅と江差町の江差駅を結んでいた。そのうちの木古内〜江差間の利用者が少なく、長らく廃線が検討されていた。しかし、並行する道道五号線の道路状況が悪く、代替バスへの転換は実現していなかった。

しかし、道路状況の改善やバスの性能向上、鉄道利用者の大幅な減少といった状況の変化に伴い、ついに二〇一四（平成二十六）年五月をもって木古内〜江差間は廃線となる。また、同路線の五稜郭〜木古内間は、二〇一六（平成二十八）年三月より第三セクターの

元国鉄広尾線の幸福駅。廃線後も観光客の人気は高い

道南いさりび鉄道線が運行することになった。

さらなる利用者減で苦境に陥る代替バスも

廃線によって代替バスになった路線の中には、かつて多くのファンを集めたところもある。帯広駅から十勝《とかち》平野を南下し、広尾《ひろお》駅に至る広尾線である。「愛国《あいこく》」「幸福《こうふく》」という風変わりな駅名が「縁起がよい」として多くの乗客を集めたのだ。「愛の国から幸福へ」と読める愛国〜幸福間の切符を買い求める人が相次ぎ、縁起物切符ブームの先駆けとなる。大正《たいしょう》〜幸福間の切符も「たいそう幸福」と読めるため人気となった。ほかにも、「新生《しんせい》」「大樹《たいき》」といった縁起のいい駅名があった。

しかし、このブームも経営難を救うことはできず、一九八四（昭和五十九）年に第二次特定地方交通線に指定される。一九八七（昭和六十二）年二月に広尾線は廃止となり、十勝バスの路線バスに転換された。

広尾線の走る十勝平野は、日本有数の畑作・酪農地帯である。バスから見える風景も、広々とした畑や牧草地だが、かつての人気路線の面影も見える。愛国駅や幸福駅の旧駅舎は保存されており、ともに帯広市によって交通公園として整備され、ちょっとした観光地になっている。特に幸福駅は、売店で買える記念切符が待合室の壁にびっしりと貼り付けられ、個性的なスポットとなっている。

赤字路線の廃止とともに北海道に多数登場した代替バスだが、利用者のさらなる減少のため苦境に立っているケースもある。宗谷《そうや》バスが運行する「天北宗谷岬線《てんぽくそうやみさき》」もそれで（22ページ参照）、一九九〇（平成二）年に年間で約三十七万人いた利用者は減少し、二〇〇七（平成十九）年には約十四万人にまで減ってしまった。観光客の取り込みを図って宗谷岬を経由するルートにした後も利用者は減り続け、一部区間の廃止が持ち上がったこともあった。代替バスの維持すら難しくなっている現状は、過疎地域の抱えている深刻な問題を浮き彫りにしている。

旅館の主がバスを走らせた！千葉県初の乗合自動車説もあり

天羽日東バス
（千葉県富津市）

東京湾に面する小さな港町、上総湊《かずさみなと》。穏やかな内房の海を望み、昔から避暑地として知られてきた同町に本社を置くバス会社がある。房総半島を拠点とする日東《にっとう》交通のグループ会社である、天羽《あまは》日東バス。一九九四（平成六）年に日東交通より分離・子会社化され、現在は、上総湊駅を発着する三路線（竹岡線／戸面原《とづらはら》ダム線／湊・富津《ふっつ》線）と佐貫町《さぬきまち》駅・大貫《おおぬき》駅を発着する三路線（鹿野山《かのうざん》線／笹毛《ささげ》線／富津市役所・君津《きみつ》駅線）を受け持ち、土・日曜・祝日のみ東京湾フェリー前～マザー牧場をつなぐ急行バスも運行中。一見、どこにでも存在する地元のバス会社に見えるが、実は千葉県の乗合自動車の歴史において見逃せない存在なのである。

始まりは大正期。ルーツは旅館の自動車部

天羽日東バスが運行する路線のルーツは、日東交通グループの中で最も古い。中でも古

いのが「竹岡線」（上総湊駅〜東京湾フェリー前）と「戸面原ダム線」（上総湊駅〜戸面原ダム）で、これらの路線のルーツは、かつて上総湊の地で営業していた「万歳館《ばんざいかん》」という旅館の自動車部にさかのぼる。『富津市史』および佐藤信之著『房総の乗合自動車』（崙書房）によれば、「万歳館」の主である笹生《さそう》万吉は、それまで営業していた乗合馬車に代わって、一九一三（大正二）年に「万歳館自動車部」（後に「万歳自動車株式会社」に改組）を設立し、新たに乗合自動車事業を始めた。鉄道全線開通前の房総半島では、旅館側が旅行者の利便性のために定期的に乗合馬車を走らせており、特に上総湊は、東京湾を行き交う汽船が停泊する房総半島の入り口として栄えていた場所だったので、需要があったと思われる。新しい乗り物である自動車に注目して、乗合自動車業を始めた笹生は、まずは上総湊から一九一二（大正元）年に鉄道が開通した木更津《きさらづ》までの区間を走らせた。一説には、これが千葉県で最初に走った乗合自動車であるという。千葉のバスの始まりが海辺の旅館による乗合バスというのは、なんとも房総半島らしい話だ。

その後、笹生は徐々に営業路線を増やしていき、大正初期には上総湊〜安房北条《あわほうじょう》（現・館山《たてやま》）や上総湊〜関豊村豊岡《せきとよむらとよおか》を結ぶ路線が開設される。これらの路線は、現在天羽日東バスが運行する「竹岡線」、「戸面原ダム線」に該当するルートを走っていたと考えられ、路線のルーツといってもいいだろう。

やがて「万歳館自動車株式会社」は、他社との競合や鉄道の全通による会社解散・他社への路線引き継ぎなどの複雑な経緯を経て、一九三二（昭和七）年設立の「外房遊覧自動車株式会社」（後に「外房内湾自動車株式会社」と改称）へとつながっていく。この会社が、日東交通の前身の一つだ。戦時統合により、鴨川《かもがわ》に本社を置く「外房内湾自動車株式会社」は、館山を拠点とする「安房合同自動車株式会社」、木更津を拠点とする「君津合同自動車株式会社」と合併し、一九四四（昭和十九）年に「日東交通株式会社」となる。

そんなわけで、天羽日東バスの運行路線のルーツは、千葉県最初の乗合自動車を走らせたとされる旅館とその主に行き着くのだ。同社の「鹿野山線」（佐貫町駅～神野寺）、「笹毛線」（佐貫町駅～笹毛）、「湊・富津線」（上総湊駅～富津公園）も、それぞれ周辺の事業者が大正末期～昭和初期に開業した路線がルーツになっているそうで、天羽日東バスの抱えるルートが、古くから存在した重要な路線をベースにしていることがうかがえる。

地元の方の話によれば、「万歳館」は、現在の戸面原ダム線の「湊町」バス停のところにあったという。広い宿で、中庭や築山、当時は珍しかった電話ボックスなどがあり、地元でも有名な宿だったそうだが、五十年ほど前に営業を終えてしまい、残念ながら今は跡

戸面原線の終点で折り返しを待つ

形もない。また、『富津市史』によれば、その主であった笹生万吉は、千葉県議会議員や湊町（現在の富津市の一部）町長も務めた地元の名士だったそうだ。

東京の近郊で現役を貫くレトロな車両とバス停

路線の歴史だけでなく、車両のレトロさも天羽日東バスの自慢である。いすゞ自動車や日野自動車、UDトラックス（旧日産ディーゼル工業）、三菱ふそうなどがかつて製造販売していた懐かしの車両が、今も現役で走っている。

都市部では見かけなくなった旧式のバスで、後乗り・前降り・後払い・整理券方式が基本。

ＩＣカード非対応、車両によっては行き先表示もないため、乗車中は車内アナウンスを聞き漏らさないようにする必要がある。例えば、二〇一六年三月末まで、戸面原ダム線を走っていた一九八八（昭和六十三）年製の「いすゞ　ジャーニーＫ　Ｐ－ＬＲ３１２Ｊ」の場合は、床は木製、窓は開閉可能タイプ、ブザーは紫と黄緑色のツートンカラー。最後部座席を除いてすべて前向きの一人掛けというのも面白く、お尻の形になっていない座面の盛り上がったシートはいささか座りづらいが、それもご愛嬌。こうした古参の老朽車両は、新顔の中古車両が入ると引退していく。年々修理費がかさんでいるそうだが、無事故、現役で走り続けてほしいものだ。路線によってはフリー乗降区間が設けられているものもあり、バスに乗っているだけで昭和にタイムスリップできる。

停車するバス停の名前も、郷愁を誘う。中でも、戸面原ダム線の「関豊駅」「環駅《たまき》」などのバス停名は、昭和三十年までこの地に存在した村の名前である。鉄道も通っていないのに「駅」とついている理由は、これらのバス停で旧国鉄（現・ＪＲ）との連絡切符を販売していた名残り。マイカーの普及前、内陸の農村からはるばるバスと鉄道を経由して、都市に出ていたかつての集落の暮らしを偲ばせる。

様々な魅力を秘めながら、レトロなバスは東京の近郊で生き残っている。

高速バスに取って代わられた松山と高知を結ぶかつての幹線

ＪＲ四国／久万高原線
（愛媛県松山市～久万高原町）
黒岩観光／高吾北落出線
（愛媛県久万高原町～高知県佐川町）

愛媛県松山市と高知県高知市の両県庁所在地を結ぶ、ＪＲ四国バスの「松山高知急行線」。戦前の一九三四（昭和九）年に「省営（のちの国鉄バス→ＪＲバス）自動車予土《よど》線」として松山～久万《くま》間で部分開業し、一時間半で結んだのがはじまりだった。一九五一（昭和二十六）年四月には松山～高知の全区間が開業し、急行便の運行が開始され、下りは「くろしお」、上りは「いでゆ」と名付けられた。当時、全線を一般道で結ぶバスのうち、百二十三kmという距離はＪＲバス路線で最長であった。一九五六（昭和三十一）年には夜間急行便の運転がスタート。一九六一（昭和三十六）年には日本初のワンマンマイクロバスとして特急が設定され、松山～高知間の険しい道のりを四時間三十分ほどで走っていた。

一九六〇年代後半に国道三三号線が全通すると、幹線路線として観光バスタイプの大型車両が次々と投入され、特急便や夜行便も含め、最大一日十五往復が所要時間三時間半弱で両都市間を結んだ。一九六九（昭和四十四）年二月に、特急と急行は公募により「なんごく号」に改称。四国山地が連なるこの地域では鉄道網が未発達だったこともあり、すべての便が座席指定が必要なほど人気で、鉄道を含めたJR四国（当時は国鉄）全体で唯一の黒字路線となっていた。

しかし、一九八八（昭和六十三）年の瀬戸大橋開通以降、四国でも次々と高速道路網の整備が進み、中でも、四国山地を長いトンネルで貫く高知自動車道の開通後、松山〜高知間は高速道路での移動が一般的になる。二〇〇一（平成十三）年十二月、伊予《いよ》鉄道ととさでん交通（後に土佐電気鉄道と高知県交通が事業統合）による「ホエールエクスプレス」が運行を開始すると、対抗するかのようにJR四国でも高速バス「なんごくエクスプレス」の運行を一日六往復で開始した（二〇一六年九月現在は五往復）。このとき、地元自治体は「なんごく号」も含めた路線維持を求めており、翌二〇〇二（平成十四）年八月までは十三往復から三往復に減便したうえで残

されたが、九月には廃止。それまでの役割を「なんごくエクスプレス」に譲ることになった。

「なんごく号」の廃止後は、愛媛県久万高原町にある自動車駅「落出駅《おちで》」を拠点として、松山から落出までの区間はJR四国バスが「久万高原線」の名称で、落出から佐川までは黒岩観光バスが「高吾北落出線《こうごほくおちで》」として代替バスを運行することになった。落出～高知間は廃止されたが、JR土讃線が並行することもあり、代替バスはない。

落出駅は、松山駅から一時間四十五分ほど（時間帯により所要時間が若干異なる）、佐川駅から一時間ほどの距離にあり、ちょうど佐川と松山との中間点に当たる。落出大橋のたもとにある駅舎では現在、駅業務は行われておらず、一階の事務室は改装されて待合室となっている。今も乗務員には泊まりのシフトがあるため、二階は宿泊施設として使われている。ちなみに、駅名が「落ちないで」に通じることから、「落出」から近くにある「郷角《ごうかく》」行きの切符が受験生のお守りとして発売されたこともあった。

バスは四国山地の険しい峠をゆく

「久万高原線」は松山から落出まで平日八往復、休日六往復の運行。片道一時間五十分ほ

落出駅で折り返し出発を待つ高吾北落出線

高知駅前を発車する、かつての「なんごく号」

久万高原駅で停車中の、久万高原線のバス

どかるが、車窓からは変化のある景色が眺められ、飽きることはない。松山駅を出て松山市砥部《とべ》町に入るとすぐ、四国山地の急峻な地形に入る。ヘアピンカーブが連続する急な坂道を登りきると、松山市と久万高原町の境にある標高七百二十メートルの三坂峠に出る。国道三三号線の最高地点で最大の難所でもあるが、眼下には松山平野と瀬戸内海の美しい風景が望める。ここを過ぎると、険しい道はガラリと一変し、清流仁淀川《によどがわ》に沿って緩やかな坂道を下って行く。車窓からはなだらかな久万高原と山々の風景が楽しめる。

「高吾北落出線」は、起点の佐川から途中の土佐大崎や狩山口《かりやまぐち》までの便も含めると一日十往復の運行だが、終点の落出までは二往復のみ。日曜と祝日は、大渡《おおど》から落出までの区間は運休となる。利用者は少なく、ローカルバスらしいのんびりした雰囲気が漂っている。

夏期限定で登場する昆布漁師の専用路線!?

阿寒バス／知円別延長線（北海道羅臼町）

北海道東部からオホーツク海に、六十五キロメートルにわたって突き出している知床《しれとこ》半島は、日本で三番目に世界遺産（自然遺産）登録された、豊かな自然にあふれた土地だ。半島の中央にそびえ立つ知床連山に自治体の境界があり、西を斜里郡斜里《しゃり》町が、東を目梨《めなし》郡羅臼《らうす》町が占めている。共通するのは両側とも、道路が半島の最北端まで行っておらず、途中で終わっている点。そして鉄道路線がまったくないため、路線バスが住民の重要な足であるところだ。

斜里と羅臼では営業しているバス会社が異なっており、前者は斜里バスと網走バスが、そして後者は羅臼営業所を拠点に阿寒《あかん》バスが路線を展開している。斜里と羅臼をつなぐ最短の道路は、標高七百三十八メートルの知床峠を通って半島を東西に通過する「知床横断道路（国道三三四号線）」だ。この道には、斜里バスと阿寒バスが相互乗り入れで運行する「羅臼・ウトロ」線が走っており、斜里側のウトロ温泉バスターミナルから羅臼営業所

までを、約五十分でつないでいる。しかし、知床横断道路そのものが積雪で閉鎖されてしまうため、この路線が動いているのは、六月上旬〜十月上旬ごろまでの期間限定である。

　年間を通じて羅臼町に通じている道は、根室海峡の沿岸を走って標津町に至る「国後《くなしり》国道（国道三三五号線）」しかない。こちらには、羅臼〜釧路間の百六十キロメートル以上の道を約三時間三十分かけて走破する、北海道でも最長の一般路線バス・阿寒バスの「釧路羅臼線」が運行。貴重な町民の足になっている。

　阿寒バスの羅臼営業所が町内で運行している主なバス路線は、「知円別《ちえんべつ》線」「春日《かすが》線」の二つだが、ともにどんなに乗っても乗車料金は一〇〇円と格安である。その理由は、それらの路線が「羅臼町有バス」という位置付けだから。いずれも羅臼町から阿寒バスが受託して、「町内循環バス」という形で運用しているものなのだ。

そのうち「春日線」は、羅臼の市街地を抜けたあと、国後国道を南下。春日町を通って終点の「植別橋《うえべつばし》」バス停まで至る路線だ。途中の「羅臼本町」と「礼文入口」バス停の間には、「純の番屋」という観光名所がある。名作ドラマ『北の国から』のシリーズ最終作、『北の国から　2002遺言』の舞台になったのが羅臼の町。実際の番屋はずっと北にあるのだが、限りなく本物に近いレプリカを地元の有志が作って食事処にしているのだそうである。

道のどん詰まり　知床半島最北端のバス停

もう一つの「知円別線」は春日線とは逆に、道道八七号線（知床公園羅臼線）を北上する路線で、通称「知床東海岸」と呼ばれる海岸線のすぐ脇を走っている。斜里町側の知床西海岸線が、ほとんど切り立った断崖絶壁で集落以外人家はほぼないのに対し、こちらの海岸線は比較的穏やかで、海沿いの細長い浜辺に民家や番屋などが途切れることなく続いている。

知円別線には終点が二カ所ある。一つは、通年停車する通常の終点「岩見橋詰《いわみはしつめ》」バス停。もう一つの「相泊《あいどまり》」バス停は、岩見橋詰からさらに十四キロメートルほど北に行った場所にあり、毎年七月十六日から八月三十一日までの二カ月足らず運行される「知円別延長線」の終点だ。わずかな夏の間だけ、相泊行きのバスが走るのは、羅臼を代表する名産品・昆布と関係している。昆布漁の最盛期、地元の漁師とその家族たちが、岩見橋詰から北の八つのバス停沿いにある昆布漁番屋に泊まり込んで作業を行うためだ。シーズンになると漁師をはじめ、子供たちや手伝いの人々で、浜は賑わいを見せる。

羅臼営業所から相泊バス停までは約二十四キロメートル離れており、乗車時間は四十分ほど。天気が良ければ、海を隔ててわずか二十五キロメートルのところにある北方領土で二番目に大きな島・国後島を、右手に見ながらの道中になる。沿線は奇岩の宝庫で、天狗《てんぐ》の鼻のように大きく突き出した「天狗岩」や、大きな熊が立ち上がっているような「熊岩」を、バスの車窓から見物可能だ。同じく沿線にある「瀬石《せせき》温泉」と「相泊温泉」は、ともに海岸線のすぐそばに湧いており、満潮時には沈んでしまうこともある温泉好きには有名な名湯である。

終点「相泊」バス停の目の前には「相泊橋」という小さな橋があり、これが道道八七号線の終点にして、知床半島の公道の最北端。「この先行き止まり」「キケン　道なし!」の看板が嫌が応にも雰囲気を高める、文字どおり「最果てのバス停」である。

白バイ先導でバスが一斉走行!? 伝統神事をバスから観覧！

西鉄バス・JR九州バスほか
（福岡県福岡市）

毎年七月上旬、福岡市の博多市街の道路は、主要道路や生活道路を問わず、「博多祇園《ぎおん》山笠《やまがさ》」開催のため断続的に通行止めとなる。街を駆け抜ける山笠と男衆の合間を縫って、バスだけが大通りの通行を許される光景は、七百年以上の歴史を誇る博多の伝統行事。博多の夏の風物詩だ。

山が街を駆ける七月十日から十五日の間は、福岡市の重要な道路網も、山笠の時間帯は全面的な交通規制が敷かれる。

西鉄バスの基幹路線として超高頻度で運行が行われる国体道路や明治通も例外ではなく、山の動く時間帯は全面通行止めとなり、バスは渋滞に巻き込まれながらも、それぞれ博多駅前通、昭和通への迂回運行が行われる。また、山笠のコースと交差する道路では、山の通行に合わせて道路の通行を一時的に遮断する。昭和通などがその例で、福北《ふくほく》ラインや筑《ちく》豊《ほう》特急などが停車する「蔵本」バス停の周辺でも、運が良ければ山笠による足止めに遭遇できる。

しかし、博多駅博多口から北へ博多港に通じる大博《たいはく》通は、少々事情が異なる。博多駅から天神・博多港に向かう片側四車線の大通りだが、近くにバスが通行可能な迂回道路がないため、一般車両を通行止めとしたうえで、山と山が通過する間のタイミングを見はからい、バスが白バイ先導で通行する措置が取られる。

ピークは七月十二日の十六時頃～十六時半過ぎで、時に十台近くのバスが、大勢の観客と法被《はっぴ》姿の男衆に囲まれて大通りを整然と走行する姿は、福岡の街にとって、バスが市民の足を支える特別な存在であることを感じさせ、壮観だ。

運がよければバスの最前席は見物の特等席

山笠を見物する人で沿道は黒山の人だかりとなり、スタート地点の櫛田《くしだ》神社の桟敷席は大混雑する一方、運よく山の通過にタイミングが合えば、路線バスの最前席が山笠見物の特等席に早変わりする。博多バスターミナルから頻発する呉服町経由の天神方面行きのバスに乗れば、約五百メートルで通行規制の起点である商工会議所入口交差点に差し掛かる。右左折を強いられる一般車を横目に、バスだけが直進。すぐ先の「祇園町」バス停で一旦

バスの目の前を男衆に担がれた勇壮な山が横切る

停止し、通行のタイミングを待つ。

　五分おきに櫛田神社を出発した八つの流れの舁《か》き山が姿を見せると、通りが一瞬にして熱気に包まれる。空気も冷めやらぬ緊張感が漂う中、合図とともに、待機していたバスが一斉に発進。白バイの先導で大通りをバスだけが悠然と進む。しかしこの先も一旦停止させられることもしばしば。山笠のコースは博多の街を東西南北に入り組んでおり、山の通過のたびに各所で一旦停車となる。なお山笠の男衆の中には、緑と白のタスキをかけた交通整理の役割を担う係があり、規制を行う道路ごとに、車道で深々と頭を下げる光景を沿道随所で目にできる。

阿蘇のコミュニティバスは二時間以上乗っても二〇〇円!?

高森町民バス（熊本県高森町）

バスの運賃は、基本的に届出認可制である。どのくらいの経費が必要で、このくらいの金額にすれば乗客はこのくらいの人数で、という経済理論に沿った予測によって、運営側が官庁に届出をして認可を受ける。よほど高すぎたり安すぎたりしない限り、申請した運賃が却下されることはないらしい。

しかし、コミュニティバスの場合、事情が違ってくる。既存路線の便数や運賃を踏襲しても採算が合わないのは当然なので、極端に便数を減らしたり、予約制にしたり、経路を変更して地域の隅々まで走るようにしたり、地域福祉と割り切って安価な均一運賃を設定したりする。その判断は自治体によって様々だ。

高森町は熊本県阿蘇郡に属し、阿蘇五岳の根子《ねこ》岳の麓、南阿蘇と呼ばれる地域にある。熊本県の最東端にあり、北東部は大分県と、南東部は宮崎県と接する県境の町だ。町域は外輪山の上部にも広がり、町の中枢部、役場や病院は阿蘇カルデラ内部の平坦地、町の最

草部南部線の「芹口」バス停付近の道は車幅ギリギリ

西端に位置しており、東部の集落からは直線距離でも二十キロメートル程度離れている。

この高森町には「高森町民バス」という、町運営で産交バスに運行委託されているコミュニティバス路線があり、走行距離・運賃・沿道の風景など、ほかでなかなか見られない特色を備えているのだ。

高森町民バスは、町の中心部と色見《しきみ》地区を周回する「色見循環線」の本数が最も多く、平日は右回り左回り合わせて七便ある。ほかに五系統があるのだが、どれも曜日指定運行で、「草部南部《くさかべなんぶ》線」「河原線」「津《つ》留《る》・野尻《のじり》線」は月・木曜日のみ運行、「草部北部線」「尾下《おくだり》線」は火・金曜日のみの運行である。コミュニティバスの多くは、通学の児童生徒と通院や買い物の老人という、交通弱者が主な利用者であるため、学校や病院が休みになる日曜・祝日は運休になりがちなのだが、この路線は当該曜日が祝日でも運行されるのも特徴である。

現在、草部北部線・草部南部線は一日三便、ほかの三系統は二便が運行されている。運行距離は、草部南部線で六十キロメートルあまり、河原線で四十五キロメートルほどと、どれも長距離路線だ。同じ路線であっても、各便によって始発地と終点がまちまちで比較がしづらいのだが、最も所要時間の長い津留・野尻線の午後便は二時間二十四分。以下、草部南部線の午後便は二時間九分、草部北部線の午後便が二時間三分、尾下線二時間一分と続き、最短の河原線の朝便でも、始発の「高森駅前」バス停から終着の「高森中央」バス停まで一時間三十八分を要する。

このような長距離路線、産交バスの通常運賃設定であれば、いくらになるのだろうか。熊本駅から上天草《かみあまくさ》市の道の駅「さんぱーる松島」まで、国道五七号線経由で約四十七キロメートル、河原線と同じような距離だ。熊本市内と本渡《ほんど》を結ぶ快速「あまくさ号」でこの区間を直行したとすると、所要は一時間二十分ほどで、運賃は一三二〇円。それが高森町民バスは一乗車二〇〇円と、どの路線も均一運賃を採用しているのだ。

車窓から極上の風景を楽しめる

どの路線も、車窓風景は素晴らしい。草部南部線は、「柿迫《かきさこ》」・「芹口《せりぐち》」バス停という二カ所の折り返し地点が最初のポイント。特に芹口は途中の道がバスとほぼ同じ幅しかなく、ハンドル操作を間違うとすぐ畑に落ちるような区間がある。その先、「水湛《みずたまり》」～「水迫《みずさこ》」バス停の区間に架かる橋を渡る際の運転士の技術はさすがだ。

草部北部線は、草部の中心部を抜けてからさらに険しい山道が続く。延々と走った先、終点間近の祭場で人里に入ると、なんだかホッとする。

津留・野尻線は、宮崎県との県境に沿って走る。高千穂《たかちほ》からのコミュニティバス路線と並行する区間もあり、津留付近の雰囲気がよい。津留は宮崎県からだけでなく、大分県の竹田からもバス路線が接続していた。これら三路線は、高森峠から高森隧道の区間も見逃せない。晴れた日には阿蘇五岳をバス車内から一望できるし、桜の季節には千本桜の脇も通過するので、息を呑むような景色に出会えるだろう。

河原線は、市野尾から黒岩の区間が素敵だ。山間路線は、木立の間を抜けるルートが多いが、ここは高台の稜線に沿って走るので、三百六十度の眺めが広がる。途中、左に進む

里山の変化に富んだ風景の中をゆく

と大分県、右に進むと宮崎県という三叉路もあり、地形的にも面白い。

尾下線は、多々野《たたの》～下山《げざん》の往復区間に注目したい。「多々野」バス停横には小学校跡があり、バス車庫の付近には、もと路線バスの終点だった風格がある。「下山」はバス停の先で道が狭くなり、行ける限界まで進んで折り返す、という雰囲気がよい。

曜日指定運行の路線のほか、毎日運行の色見循環も見逃せない。所要は一時間弱。乗り継ぎの拠点としては、立派な待合室や案内所もある「高森中央」バス停がお勧め。ここは高森町民バスのみならず、延岡《のべおか》までの「たかちほ号」や快速「たかもり号」、さらに隣の南阿蘇村を走る「ゆるっとバス」も発着する。

突然の倒産から見事復帰した岡山〜広島の県境越えバス

井笠バスカンパニー／笠岡〜福山線
（岡山県笠岡市〜広島県福山市）

井笠《いかさ》バスカンパニーが運営する「笠岡〜福山線」は、岡山県笠岡市と広島県福山市を結ぶ県境越えの路線だ。

二つの都市は同じ商業圏内にあるため、県境を越えての利用者も少なくない。そのため、以前から県境を越えるバスは地元民に親しまれてきた。始点はＪＲ笠岡駅前のバスターミナルで、「篠坂《しのさか》」バス停までは岡山県。次の「仁井《にい》」バス停からは広島県に入り、ＪＲ福山駅に向かう。

この路線は、非常に道幅の狭い所を通る「狭隘路線《きょうあい》」としても知られている。笠岡駅前から西に向かい、古い住宅街に入ったあたりから狭隘区間が続く。特に、「西浜」バス停の付近にあるＬ字路を通過するときは、バスの車体は古い民家の軒先すれすれとなる。バス一台がぎりぎり通れる道幅だが、対向車が来ても意外にスムーズに走行できる。ほぼ地元民しか利用しない道路なので、車ですれ違うときにはバスが通過しやすいような配慮が

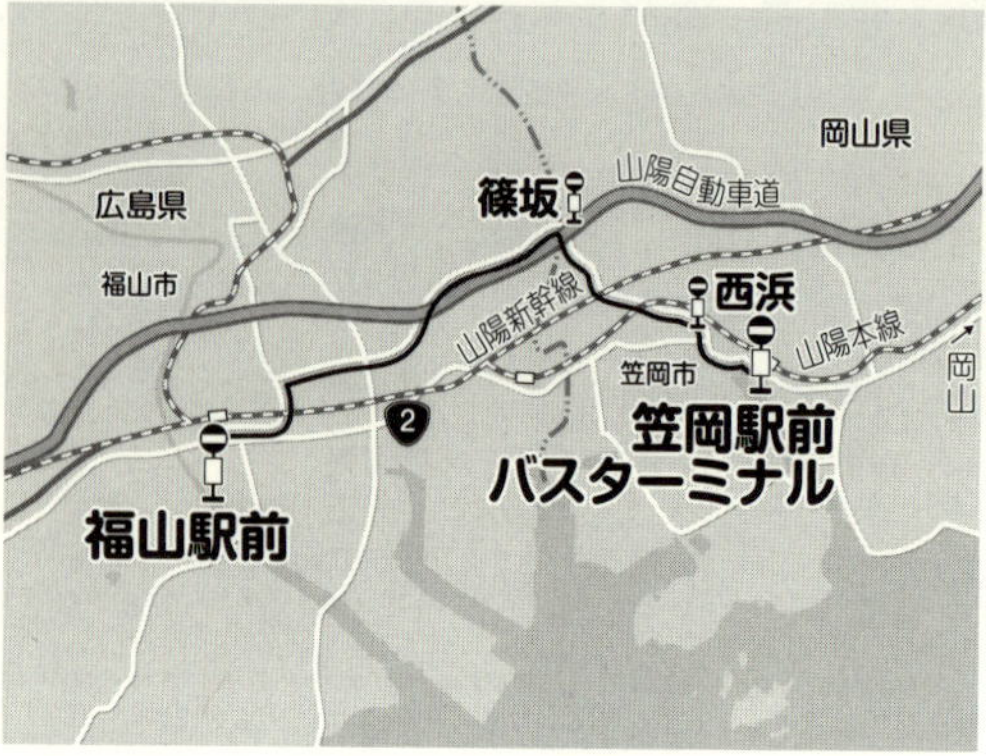

行き届いているからだという。「土手」バス停を過ぎて以降も、曲がりくねっていて見通しが悪い狭隘区間となるが、運転手は難なく通り過ぎて行く。

路線廃止の危機を救った企業の使命感

狭隘路線として人気の高い笠岡～福山線だが、実は、近年消滅の危機を経験している。もともと、この地方の路線バスを運営していた企業は井笠鉄道だった。

同社は、かつては鉄道路線も持っていたが、一九七一（昭和四十六）年に撤退して路線バス事業に専念していた。しかし二〇一二（平成二十四）年十月十二日、井笠鉄道は突然に破産を申し立て、十月末をもって路線バスを廃止することを発表する。地元の市民や行政が衝撃を受けたのはもちろんだが、公共交通の経営破綻というのも前代未聞のことだった。

二〇〇二（平成十四）年の規制緩和以降、多くの公共交通事業者が経営に行き詰まった。

しかし、公共交通事業者の場合、自主整理や会社更生法によって経営を合理化し、再生するというルートが主流だった。そのため、井笠鉄道の経営破綻は同業者に大きな危機感を与える出来事だった。

地元民の足が突然なくなるという事態に手を差し伸べたのは、両備《りょうび》グループだった。地元で運輸・観光・レジャーなどの事業を展開する企業で、「地方の公共交通を守る」という強い使命感からの行動だった。道路運送法の「緊急時の代替輸送」の規定に従い、両備グループ傘下の中国バスが代替輸送を行って、十一月からの運行を継続したのだ。

軒先をかすめながら「西浜」バス停付近のL字を曲がる

翌二〇一三（平成二十五）年一月、中国バスの百パーセント子会社として井笠バスカンパニーが設立され、四月に正式に路線を受け継いで営業を開始した。両備グループの尽力はもちろん、地元民が路線継続を強く願い、関係する行政の各機関が一致して協力したおかげで、奇跡的に路線は継続できたといえる。

この路線では自転車と「離合」するのも珍しくない

「金浦口」バス停付近では電柱の合間を見事に抜ける

札幌発の長大路線も停車する北海道随一の「陸の孤島」

沿岸バス／留萌別苅線・別苅雄冬線
特急はぼろ号
（北海道留萌市～増毛町）

北海道には、「黄金道路」や「ダイヤモンド道路」と呼ばれる道がある。その所以は、開通に要した膨大な労力と費用。「黄金道路」と呼ばれるのは国道三三六号線で、えりも町と広尾町を結び、襟裳《えりも》岬の断崖絶壁に沿って走っている。断崖の掘削に「道に黄金が敷き詰められるほど」巨額の費用が投じられたことを揶揄して「黄金道路」の名が付いた。札幌市と留萌《るもい》市をつなぐ国道二三一号線は、それを上回る労力と費用がかかったため、「ダイヤモンド道路」と称される。

巨額の費用がかかった一方で、道路の開通を心待ちにしていた人々がいたことも忘れてはならない。雄冬《おふゆ》岬の北にある集落・雄冬は、急峻な断崖絶壁に囲まれているため、長い間ほかの地域からの訪問が困難な「陸の孤島」だったのだ。

この地域では、増毛《ましけ》山道が増毛と浜益《はまます》をつなぐ唯一の道として、江戸時代から使われていた。しかし、山道は標高千メートルを超える増毛山地の尾根伝いを走る険しい道で、冬には雪に閉ざされて使用できない。増毛と雄冬を往復する一日一便の定期船が、雄冬と外界を結ぶ実質的な唯一の交通手段だった。

「雄冬までの道路を」という住民の悲願は、一九八一（昭和五十六）年十一月に、国道二三一号線の浜益〜雄冬間が開通したことで達成された。しかし喜びもつかの間、不運なことに同年十二月、雄冬岬トンネルで崩落事故が発生して国道は通行不能になってしまう。トンネルが復旧し、雄冬の「陸の孤島」状態が再び解消されたのは一九八四（昭和五十九）年五月のことだった。その後も、増毛〜雄冬間は冬の間通行不能であり、通年で利用できるようになるには一九九二（平成四）年十月まで待たなければならなかった。

ついに開かれた陸の孤島

国道が開通したことで、雄冬にも路線バスが乗り入れることになった。沿岸バスの「留萌別苅《べつかり》線」と、「別苅雄冬線」がそれだ。留萌別苅線はJR留萌本線の留萌〜増毛間と並行するようなルートで、一日に九往復運行している。まず留萌市東部の郊外にある「留萌市立病院」バス停を起点とし、陸上自衛隊留萌駐屯地のそばを通って留萌市街地へ。留萌駅前などを経由して国道二三一号線へ入り、沿岸を南下してゆき、やがて増毛市街地へ到着する。そして再び国道二三一号線へ戻り、「増毛ターミナル」バス停から十分ほどのところが「大別苅《おおべつかり》」バス停だ。主に増毛町から留萌市への通院、通学のために利用されている路線である。

それに接続する形で大別苅から雄冬までの二十キロ弱を結ぶのが、国道二三一号線の全区間開通後に開設された、別苅雄冬線である。留萌別苅線とは系統が分かれているが、留萌から大別苅まで運行した車両をそのまま雄冬まで通しで運行することが多い。別苅雄冬線は一日三便のみながら、真横に海が広がり多数の奇岩が目に入る車窓からの風景は、一見の価値がある。

雄冬岬の南寄り、千代志別バス停

ほかに、同じく沿岸バスの運行する高速乗り合いバス「特急はぼろ号」の、増毛経由便がある。羽《は》幌《ほろ》町発着で留萌市・増毛町を経由し、

留萌十字街バス停に停車する留萌別苅線のバス（撮影：白井　剛）

札幌市までを結ぶ路線で、羽幌発は早朝、札幌発は夕刻に雄冬にも停車する（いずれも二〇一六年九月現在）。

雄冬にはかつて、北海道中央バスの特急札浜線や「日本海るもい号」が乗り入れていたが、二〇一〇（平成二十二）年に撤退。現在は沿岸バスと石狩《いしかり》市の運営する浜益スクールバスが乗り入れるのみとなっている。一九九九（平成十一）年には、雄冬岬に高さ百三十五メートルの展望台が設置され、その入り口付近が「岩石公園」として整備されるなど、徐々に観光地化が進んでいっている。展望台からは、絶壁が日本海に面する雄大な景色を一望することができる。天気の良い日には、積丹《しゃこたん》半島や天売《てうり》島・焼尻《やぎしり》島も見えるという。

新聞を載せたバスがリアス式海岸を駆け抜ける!?

岩手県交通・かまいしまるごとコミュニティバス／佐須線（岩手県釜石市）

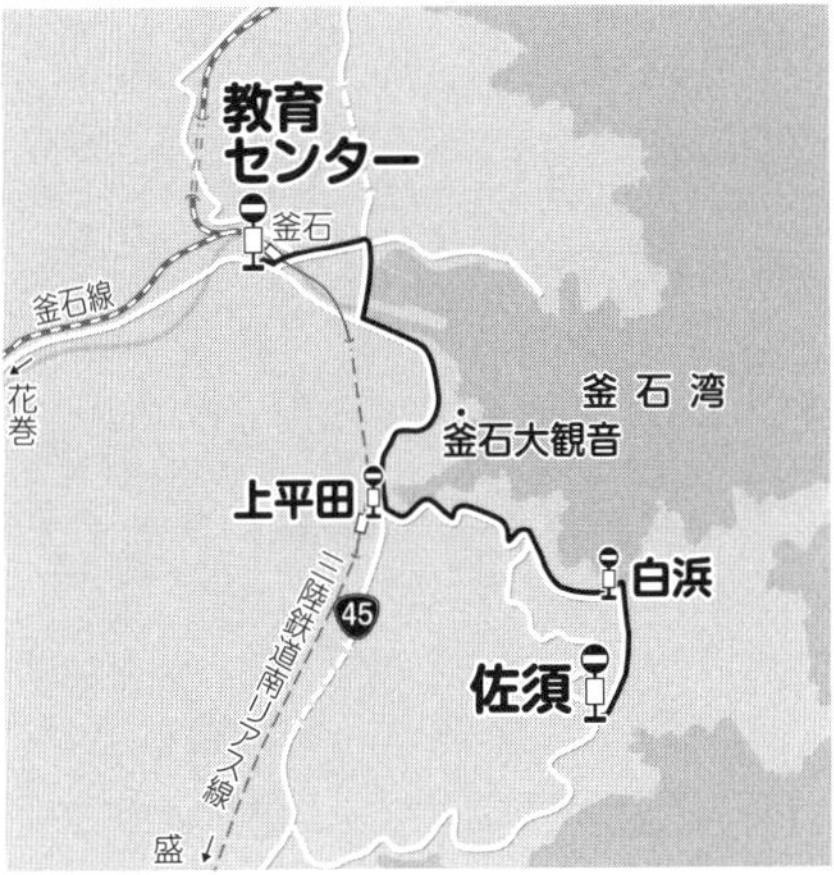

岩手県北バスの「106急行バス」をはじめ、最近は貨客混載バスが各地で誕生しているが、この先駆者が新聞輸送をするバスだ。運行する地域は主に、新聞の輸送が困難な遠隔地で、東北地方だけでも数路線で行われている。

岩手県釜石市《かまいし》には、近年まで新聞輸送の実施が一般の人に知られていなかった路線がある。二〇一一（平成二十三）年三月十一日の東日本大震災で被災、その後の復旧に伴い、路線バスも徐々に運行を再開した。震災後しばらくして、大槌《おおつち》・赤浜方面を除く主な路線は「かまいしまるごとコミュニティバス」として運行されるようになり、岩手県交通の通常の路線とは運賃体系が異なっている。

そのうちの一つが、佐須《さす》線である。震災前は本数が少なく、佐須側からの往復運行で、震災後の本格運行再開時にはわずかながら増便された。二〇一六年現在は「上大畑《かみおおはた》」を起点とした、震災前に近い路線になっている。

始発地は釜石駅に近い「教育センター」バス停。新聞はすでに積み込まれており、ビニールでくるまれた束が座席の上に置かれている。教育センターを出たバスは、右手に製鉄所跡を見ながら釜石駅を越え、釜石の市街地に入る。バスが走る国道四五号線釜石バイパスの独特な立体交差は、地方都市としては珍しい。その後、甲子《かっし》川を渡って大平地区へ至り、旧道に入る。急な坂を登っていくと、左手に釜石大観音。坂を下ると平田地区に到着する（現在は旧道を通らない別ルート）。

震災後から通常運行のバスで新聞を輸送

佐須行きは上平田から左折して佐須方面に向かうのだが、この先、大石や花露辺《けろべ》に向かう路線もある。それぞれがリアス式海岸の半島の先へと向かう路線だ。かつてはこの半島に沿って道路は大きく迂回していたが、現在は半島の付け根部分に長いトンネルが完成している。半島の先へは、小さな集落に向けて、数便の路線バスが往き来するだけだ。

佐須へのバスは平田から先、徐々に標高を稼いでいく。リアス式海岸を走る路線の本領発揮で、鬱蒼と繁る森の中の狭隘路《きょうあい》をゆっくりと抜けていく。そんな道を延々と走ること十数分、小さな道が交わる分岐点に着く。右手が県道、左手が市道でバスの向かう道で、ここを下ってたどり着くのが白浜だ。平田からここまで海沿いに走っているはずなのに、海は見えない。これもリアス式海岸の特徴だろう。

バス停の前には人がおり、停車すると乗車用の後扉ではなく前扉が開く。ここで新聞の受け渡しとなる。車内に置いてある新聞を、乗務員が手渡しする。受け渡しはすぐに終わって発車。今度はまた海から離れて山を登り、古びた狭いトンネルを抜けていく。バス一台分ほどの幅しかないが、意外と長い。

このトンネルを抜けると再び下り道となり、まもなく終点の佐須に着く。会館前のスペースに駐車すると、こちらも新聞を取りに来る人が待っていた。

この新聞輸送、震災以前から行われていたが、当時は朝の回送車で行っていたという。それが現在は通常運行の便で輸送するようになったため、乗客の目にも触れるようになった。このように、陰ながら土地の生活を支えるのも、路線バスの役割でもある。

終点の佐須。折り
返しを待つ

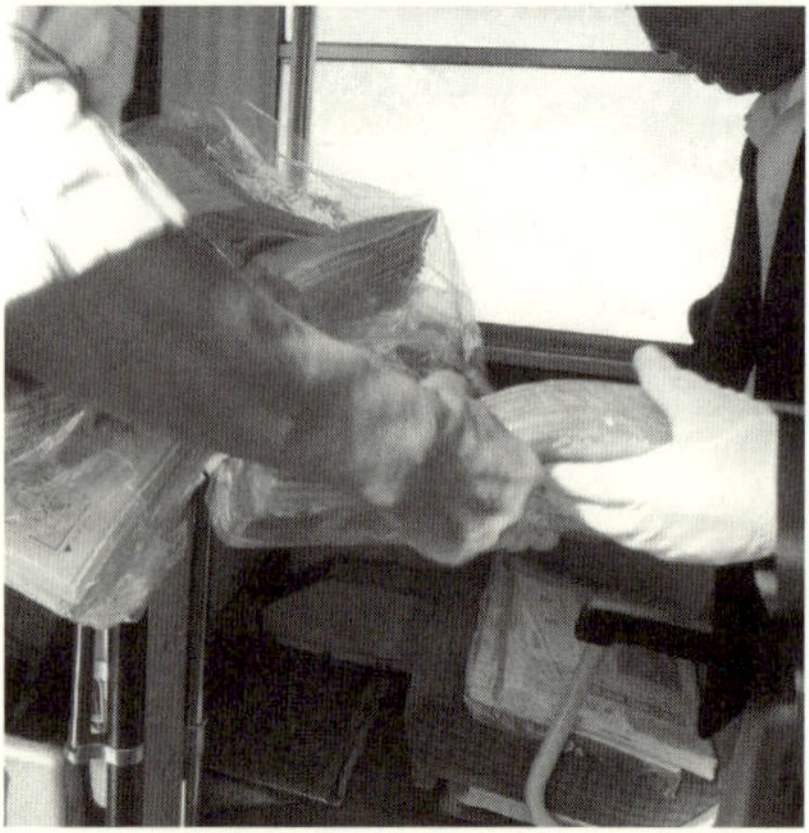

新聞の受け渡しは
人手による

秘境・遠山郷へのバスが走る四千メートル超のトンネル

信南交通／遠山郷線（長野県飯田市）

長野県の最南端に、「遠山郷《とおやまごう》」と呼ばれる地域がある。山と渓谷に囲まれた山里で、標高は八百〜千メートル前後。場所によっては標高千メートルの高所に、山肌にへばりつくようにして、わずかな平地に点々と集落がある。別名「日本のチロル」とも呼ばれるのも、なるほどと思わせる山間集落だ。

この地は、神々が棲むといわれる聖地でもある。毎年十二月に行われる「霜月祭り」では、平安時代の宮廷祭事を模した儀式の「湯立神楽」が、今も原形に近いやり方で伝承されているという。顔に面をつけた人間が舞いを踊りながら、釜の中の湯をかけるという不思議な儀式だ。

この山深い土地へ向かう路線バスが、長野県南部の飯田市から出ている。信南《しんなん》交通が運行する「遠山郷線」である。平日は上下三便ずつ、土・日曜・祝日は上下二便ずつの運行。飯田市側からは、飯田駅あるいは「飯田高校前」バス停が起点となる。遠山郷の湯治客の

交通手段としても重宝されている路線だ。

ルートの序盤は、落ち着いた雰囲気の飯田市街地とのんびりとした農村地帯を走る。やがて山地を上り始めると、車窓から飯田市街と周囲の雄大な山々の景色を楽しむことができる。

この路線のハイライトはなんといっても、南信州の広大な伊那《いな》山地を貫く矢筈《やはず》トンネル。三遠南信《さんえんなんしん》自動車道小川路峠道路（国道四七四号線）にあたる道路で、全長は実に四千百七十六メートルもある。

矢筈トンネルは、山中でバスを待ち構えている。木々に囲まれた県道二五一号線をぐんぐんと進んで行くと、矢筈トンネルに続く巨大なループ橋の喬木《たかぎ》インターチェンジが突然現れるのだ。

ここからしばらくは自動車専用道となり、ループ橋を渡りきった先で大きく口を開けたトンネルに突入。トンネル内にバス停はないので、バスは停車することなく気持ちよさそうに片道一車線のトンネル内を疾走して行く。そして、トンネルを抜けた先で国道一五二号線の秋葉街道と合流する。

遠山郷へと南下する秋葉街道沿いでは、周辺地域の近世の歴史に触れることができる。遠山郷周辺の山林は江戸時代、天領として森林伐採が禁じられていたため、豊かな森林資源が残っていた。それが明治以降、民間に買い上げられて伐採が始まり、林業が発展したのである。森林鉄道は沿線住民の交通手段としても地域の暮らしを支えたが、徐々に採算性が悪化し、昭和四十年代に廃止されてしまった。今では車窓から、昭和中期まで木材運搬用に用いられていた遠山森林鉄道の展示車両など、往時の名残りが確認できる。

さらに遠山川と並走する道は、部分的に大変な狭隘《きょうあい》区間もあるため、秘境感も存分に味わえる。バリエーション豊かなバス旅を堪能できる路線なのだ。

トンネル開通前は伊那山地を迂回

今でこそ、インパクトと情緒があるバス旅を快適に体験できる飯田～遠山郷間ではあるが、矢筈トンネルが完成する一九九四（平成六）年までは、この区間をバスで移動するなど考えられなかった。

矢筈トンネルが完成する前は、伊那山地を抜けるために、国道二五六号線が使われていたとされる。しかし二五六号線は国道ではあるものの、あまりにも急峻な上に道はつづら折りで、とてもではないがバスの通行などはできなかったという。

鉄道紀行作家の宮脇俊三氏が著した『ローカルバスの終点へ』（一九八九年・日本交通公社出版事業局）にも、遠山郷とその沿線は登場している。しかし当時、遠山郷側から出たバスでたどり着けたのは、秋葉街道沿いの集落である程野《ほどの》まで。つまり、現在のように伊那山地を超えて飯田市方面に抜けることはできなかったのである。

当時、遠山郷から飯田市中心部に行くためには、遠山郷の南西に位置する平岡まで行き、JR飯田線に乗らなくてはならなかった。平岡から飯田までは、およそ一時間もかかる電車の旅。遠山郷は市街地から隔絶された地域だったのだ。

それが、矢筈トンネルの開通で状況は一変した。路線バスによる飯田〜遠山郷間の所要時間は一時間三十分余り。遠山郷や秋葉街道沿いの集落にとっては、トンネル開通によって飯田市中心部へのアクセスがしやすくなり、医療施設への通院や児童・学生のバス通学が可能となった。集落の住民にとっての経済的・心理的負担は大きく軽減されたといっていいだろう。

矢筈トンネル前後のバス停間は二十分以上ある

『ローカルバスの終点へ』にも登場する「程野」バス停

二つの半島間を移動するため フェリーにバスが乗船!?

鹿屋市 コミュニティバス／鹿児島・鹿屋直行バス
（鹿児島県鹿児島市〜鹿屋市）

鹿児島県は薩摩《さつま》半島と大隅《おおすみ》半島が、錦江《きんこう》湾を囲むような地形となっている。県庁所在地の鹿児島市は薩摩半島側のため、大隅半島側から陸路で訪れようとすると、錦江湾沿岸を遠路はるばる回り込まなければならない。半島間の移動が不便な地理的要因が、鹿児島県の特徴ともいえる。

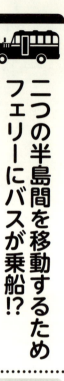

その移動のために、日常の足として頻繁に利用されているのがフェリーである。このうち、最も便数が多い鹿児島市船舶部が運航する桜島フェリーは、鹿児島市の桜島桟橋から日中十五分間隔で運航。終夜運航も行っており、真夜中でも毎時一便のフェリーが、鹿児島市内と桜島の間を航行している。桜島は大隅半島と陸続きのため、わずか十五分ほどで錦江湾を渡れることになる。

そしてもう一つの主要航路が、鹿児島市の鴨池《かもいけ》港と大隅半島側の垂水《たるみず》港を結ぶ、鴨池・垂水フェリーである。この航路はもともと南海郵船という会社が運航しており、数度の社名変更を重ねた後、現在はいわさきグループに移管されている。いわさきグループは、鹿児島のほぼ全県にわたってバス事業を行っており、鹿児島交通・三州《さんしゅう》自動車・種子島・屋久島交通などを運営。二〇一六年三月までは、かつての林田《はやしだ》産業交通を継承したいわさきバスネットワークも傘下にもっており、バス事業者としては県内最大手だ。

鴨池・垂水フェリーから見える桜島

鴨池・垂水フェリーは、運行便数や乗船時間の長さや運賃など、フェリー単体の利便性では桜島フェリーに太刀打ちできないが、バスと船舶の一貫運営を活かし、鹿児島市内中心部〜鴨池港の路線バス、鴨池港〜垂水港間のフェリー、垂水港〜大隅半島各地へ向かう路線バスが、概ね五分程度で乗り継ぐことのできるダイヤを設定している。そのため、市内中心部で鴨池港行きのバスに乗車した時点で、スムーズに鹿屋《かのや》や志布志《しぶし》といった大隅半島側の都市までアクセスできるというわけだ。二〇一五（平成二十七）年八月に閉鎖された、鹿児島市内中心部の山形屋バスセンター窓口では、市内バスとフェリー、大隅半島側のバスが一枚の乗車券で購入することができた。

バスでフェリーへ乗船！　驚きのヒット作

大隅半島と鹿児島市内の連絡を改善していくなかで、近年の大ヒットは二〇〇九（平成二十一）年、鹿屋市がコミュニティバスとして運行を開始した「鹿児島・鹿屋直行バス」だ。バスに乗ったままフェリーに乗船できるため、乗り継ぎの煩わしさが解消されたのだ。

フェリーで路線バスを航走する例は、ほかでは、大分・別府～広島間の高速バスが、大分県の竹田津《たけだつ》港から山口県の徳山港の間をスオーナダフェリーがある。鹿児島県内にももう一つ、JR九州バスや鹿児島市営バスが運行する桜島定期観光バスが、桜島フェリーを利用する。

「鹿児島・鹿屋直行バス」は、早朝五時台に始発が鹿屋市内を出発し、八時前には鹿児島市内に到着。夜は二十一時ごろに鹿児島市内を出発するなど、六往復運行されている。乗船中はバス車内に留まる決まりだが、運転士から乗車カードを受け取りフェリーの客室に入ることも可能だ。鴨池・垂水フェリーでは、客室の一角に「南海うどん」を名乗るうどんコーナーが営業しているので、バスの道中ながらの船上のひとときにおすすめだ。

フェリー内の車両甲板に待機する鹿児島・鹿屋直行バス

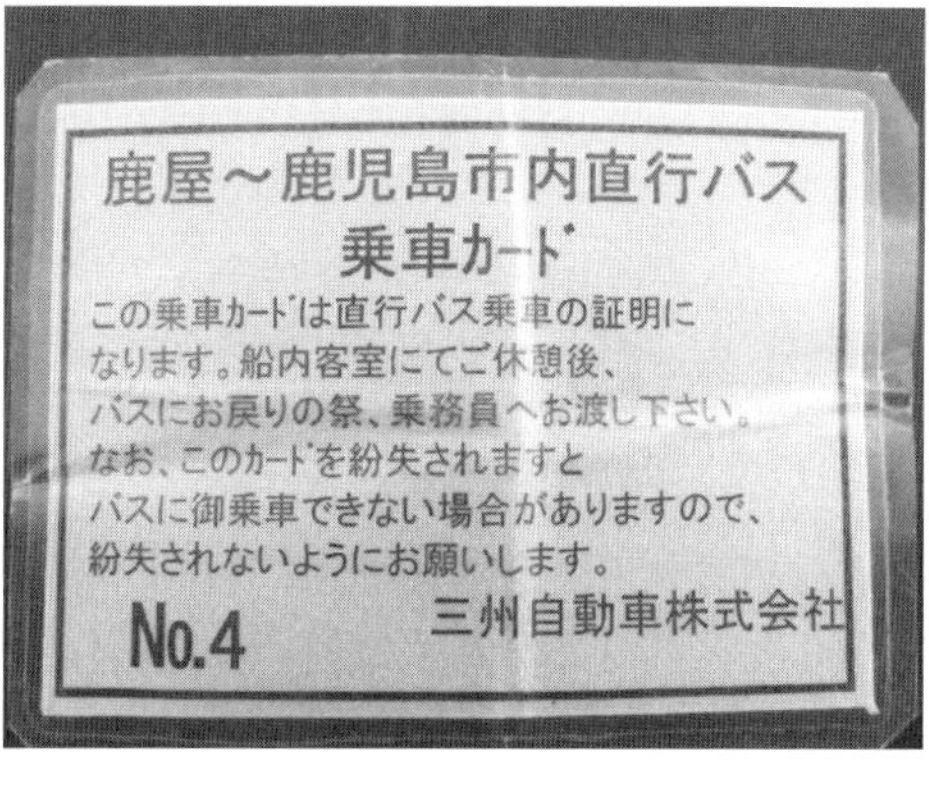
鹿屋～鹿児島市内直行バス
乗車ｶｰﾄﾞ
この乗車ｶｰﾄﾞは直行バス乗車の証明に
なります。船内客室にてご休憩後、
バスにお戻りの祭、乗務員へお渡し下さい。
なお、このｶｰﾄﾞを紛失されますと
バスに御乗車できない場合がありますので、
紛失されないようにお願いします。
No.4　三州自動車株式会社

直行バスの乗車カード。船内に移動する際に渡される

田中角栄元首相のお膝元をゆく 新潟の都市間路線!?

越後交通／長岡駅前～柏崎駅前線（西山経由）
（新潟県長岡市～柏崎市）

わが国の現代史、特に戦後史において大きな足跡を残した人物の一人として、田中角栄《かくえい》元首相の名前が挙げられる。地盤である新潟県中越地方では、冬の豪雪でも安心して生活できるようなインフラ整備といった、生活環境の改善などが支持を集める理由となった。ファミリー企業や後援会「越山《えつざん》会」なども有し、地元で「田中王国」とも評されるほどの強固な支持基盤を持っていた政治家である。

その支持基盤を支えたファミリー企業の一つが、新潟県長岡市に本社を置き、中越地方一円で路線バスを運行する越後交通である。一九六〇（昭和三十五）年に三つの鉄道・バス会社が合併して成立した同社は、田中元首相が社長や会長を務めたこともある。

同社はモータリゼーションによるバス離れが進みつつあった時代でも、経営状況が良好な時代が遅くまで続いたため、現在まで、全国的に見て低額の運賃水準を維持してきた。そのため、他地域よりもバス離れの傾向が緩く、路線の大幅な縮小をせずに推移した。

現在は、子会社により運行される地域が多くなったが、長岡市と見附《みつけ》・栃尾《とちお》・小千谷《おぢや》・十日町《とおかまち》・柏崎《かしわざき》といった主要な街を結ぶ幹線を中心に、ローカル路線にいたるまでネットワークが維持されている。

また、同社の長岡市と周辺の街を結ぶ主要幹線では、急行便や快速便主体の運行が特徴だった。急行・快速マークをフロントに掲出したバスが都市間を行き交う姿は、同社の象徴ともいえた。近年では、合理化で各停運行になった路線も多いが、かつては同社の鉄道があった長岡～栃尾間などでは急行や快速運行が健在である。

生家だけではない元首相との「つながり」

長岡市と日本海に面した柏崎市を結ぶ長岡駅前～柏崎駅前線は、かつてはすべて急行ないし快速として運行されていた。「曽地《そち》経由」と「西山《にしやま》経由」の二ルートがあ

豪雪の十日町を結ぶ路線。冬期の重要な交通手段だ。

り、どちらも現在は各停路線となっている。「曽地経由」は、国道八号線をひた走って峠を越え、両市間を直結する路線であるのに対し、「西山経由」は北側の旧西山町（二〇〇五年に柏崎市へ編入）や刈羽《かりわ》村を経由する。実はこの旧西山町が田中元首相の出身地であり、なにかと「つながり」があるスポットを経由する路線である。

　極めつけは、旧西山町にある「小坂下」バス停。バス停の前にあるのは、なんと田中元首相の生家なのである。現在も田中家の持ち物であり、表札には直紀・真紀子両氏の名前が掲出されている。この至近には「田中角栄記念館」があり、田中元首相の業績などに触れられる。また、記念館併設のレストランでは、田中元首相の好物であったカレーライスや「のっぺ」（新潟県の郷土料理）などを味わえる。

高速道路で路線バスが行列!? 立っての乗車で福岡の景色を堪能

西鉄バス（福岡県福岡市）

日本有数のバス王国、福岡市（博多）で路線バスといえば、「西鉄」の愛称で呼ばれる西日本鉄道。所有台数は日本でもトップクラス。福岡市内の西鉄バス路線は、網の目状に充実している。

福岡市は全国でも第五位の人口百五十五万人以上を誇る、九州一の大都市。市内はもちろん、周辺の路線バス網はかなり発達している。西鉄以外にも、糸島や唐津《からつ》方面には昭和バスが、糟屋《かすや》郡や宮若《みやわか》市方面にはJR九州バスが運行。さらには、九州各地から高速バスも集結してくるので、天神の渡辺通や博多の大博通は、朝から晩までバスの姿が絶えることはない。朝夕のラッシュ時や、イベント開催の臨時バスが多数発着する時間帯にはさらにその数が増え、渋滞の一因になっているのでは、と思えるほどだ。

そんなバス渋滞、都心の繁華街ではやむを得ない側面もあるが、福岡では一般道だけで起こるわけではないのが、ある意味すごいところである。福岡都市高速をわがもの顔で走る西鉄の路線バス、そして最も路線が集中する呉服町ランプでのバス渋滞。これもまた、福岡のバスを象徴するものの一つと呼べるだろう。

都市高速道路とは、東京の首都高速や関西の阪神高速のように、通行が自動車のみに限定され、通行料金が必要な有料道路である。福岡の都市高速は、一般的な高速道路よりもカーブがきつく、車線の幅が狭いところもあって、制限速度が六十キロの区間も多い。

そんななか、西鉄の一般路線バスは、時に多数の立ち客を乗せたまま、六十キロ制限を厳密に守って、都市高速を当然のように走るのである。

福岡都市高速経由、オススメの区間

都市高速を走るバスに乗ってみたいなら、天神ランプ~西公園ランプを通る路線が特徴的だ。福岡最大の繁華街・渡辺通りの北側「天神北」のバス停で待っていると、西鉄では珍しいアルファベット入りの番号「W1」や300番台など、ヤフオクドーム方面へのバスが、ひっきりなしにやって来る。

ドームでイベントが行われる際など、一時間に十台以上のバスがやって来るにも関わらず、どのバスも混雑している。バスに乗る際、席が空いていれば座りたいものだが、この都市高速を走るバスに限っては、立って車窓を眺めるのも悪くない。

天神北ランプから都市高速に乗ったドーム方面行きのバスは、すぐに大きく左にカーブして本線に入り、橋を渡る。荒津大橋という斜張橋だ。斜張橋というのは、柱から太いケーブルを伸ばして橋げたを支える形の橋で、その姿も美しい。

そして、この付近からの眺めがまたよい。南側、福岡の市街地は一望できるし、海岸沿いには福岡魚市場と造船場があって、ただ通り過ぎるのが惜しくなるくらいだ。北側には博多湾から志賀島《しかのしま》、海《うみ》の中道《なかみち》を見渡すことができ、もともと海に面した交易拠点である福岡の、昔ながらの立ち位置を再確認することもできる。

もう一つのオススメ区間が、香椎《かしい》エリアと天神を結ぶ都市高速経由だ。赤間《あかま》急行、21A、28B、22N、24Cなど種類も本数も充実している。ちなみに、系統番号の後ろのアルファベットは、バスが降りる都市高速のランプによって区分されている。Bが香椎浜ランプ経由、Nが名島《なじま》ランプ経由、といった具合だ。

こちらは前述の天神〜西公園区間より距離が長く、直線区間も多いので、より高速道路に似た雰囲気を味わえる。車窓は博多湾に面した埠頭の工業地帯や、筥崎宮《はこざきぐう》の参道が海から本殿までまっすぐ延びる様が見えたり、西側とは一味違った景色に出会える。

福岡都市高速のランプ出口では、時にこうした路線バス渋滞が生じる。バス天国福岡ならではの光景だ。

第3章

背景を知れば思わず納得

施設と車両の不思議

蒲原鉄道／村松駅
（新潟県五泉市）

消えた私鉄の歴史を受け継ぐ バスの拠点として生きる村松駅

かつては鉄道を運行していたが、高度成長期以降のモータリゼーション進展に伴い、鉄道を廃止してバス事業のみ経営することとなった会社は、全国に数多い。そして、駅施設をバス営業所やバス停に転用するなど、鉄道の名残りを今に留めているところは、地方のバスに乗っているとあちこちで見られる。

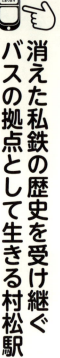

新潟県を例にすると、現在はＪＲと第三セクターの鉄道会社のみの路線網となっているが、かつては私鉄の路線がいくつか運行されていた。新潟県は、上越・中越・下越・佐渡の四つに大きく地域分けされ、それぞれの地域に路線網を広げる大手バス会社がある。現在は、各社ともグループ会社による運行が多く、具体的には、上越市を中心とする上越地方は頸城《くびき》自動車、長岡市を中心とする中越地方は越後交通、新潟市を中心とする下越地方と佐渡は新潟交通が、それぞれ運行するという具合だ。

そしてこの各社と、後述する蒲原《かんばら》鉄道の計四社が、かつては合計五路線の鉄道を運行していた。しかし、時代の流れで一九六〇年代から順次縮小された結果、一九九九（平成十一）年十月の蒲原鉄道五泉《ごせん》〜村松《むらまつ》間を最後に、新潟県から私鉄がすべて姿を消した。

全国の例と同様に、新潟県でもこれら私鉄の名残りを留めるバス関連施設は各地に点在している。駅舎や敷地がバス営業所に転用されている例としては、旧栃尾《とちお》駅（旧越後交通栃尾線）や旧浦川原《うらがわら》駅（旧頸城鉄道・現在の頸城自動車）のほか、二〇〇四（平成十六）年の中越地震で損壊し姿を消した旧悠久山《ゆうきゅうざん》駅（旧越後交通栃尾線）が挙げられる。そのうち、現在はグループ会社（東頸《とうけい》バス）の本社を兼ねている旧浦川原駅には、「頸城鉄道発祥の地」を示す看板が掲出されている。また、旧国鉄の特定地方交通線などを含め、駅の跡地をバスの転回場にしている例、さらにはバス停が「駅跡」を名乗る例などがある。

バス停名と会社名に見る鉄道の名残り

その中でも特筆すべきは、新潟県の私鉄で最後まで残った旧蒲原鉄道の村松駅である。一九八〇（昭和五十五）年に新築された鉄筋コンクリート造りの駅舎ビルには、蒲原鉄道の本社やバス営業所事務所、旅行部門の店舗が入り、隣接してバスの車庫や古風な整備工場がある。バス停の名前はいまだ「村松駅前」であり、そもそも現在にいたるまで、同社は社名の「鉄道」を守り通している。

現在は五泉市に所在するが、二〇〇六（平成十八）年に合併されるまで村松町だったこの地は、かつては城下町であり、近代で陸軍の歩兵連隊が置かれた軍都として発展してきた。しかし、岩越《がんえつ》鉄道（現在のJR磐越西線《ばんえつさい》）のルートから外れたことから、村松と同線の五泉駅を連絡するため、同社が設立されたのが始まりである。一九二三（大正十二）年に新潟県初の電気鉄道として、村松〜五泉間を開業。後に、信越本線の加茂《かも》駅まで路線を延ばし、村松はもとより沿線の重要な交通手段として活躍してきたが、村松〜加茂間は一九八五（昭和六十）年に廃止。当初の区間に戻って、先述の通り全廃を迎えた。

並行して、同社は一九五一（昭和二十六）年に路線バス事業を開始。村松町一円はもとより、隣接する加茂市の鉄道沿線に独自の路線網を広げ、鉄道廃止後はその代替バスも運行。一九九四（平成六）年には新潟交通と共同で、村松〜新潟間の高速バスも運行開始した。

かつては電車の車庫や工場も置かれ、鉄道廃止後もバスの拠点としての役割を担ってきた村松駅だが、残念ながら同社は二〇一〇（平成二十二）年までにすべての一般路線バスから撤退。会社の事業自体も大きく縮小している。

村松駅で発車を待つ、蒲原鉄道の新潟駅前行き高速バス

昔のままの村松駅舎

かつて五泉～村松間を結んでいた蒲原鉄道

現在の村松駅には、縮小されて同社単独運行になった新潟への高速バスのほか、同社も運行に参加する五泉駅方面へのコミュニティバス、そして加茂からわずかな便数が乗り入れる加茂市営市民バスが発着するのみである。運行していた一般路線バスは、加茂市内は市長の方針もあり市民バスで維持されたものの、旧村松町内はほとんどがタクシーによる登録制のオンデマンド交通に転換された。

バスや一般車の駐車場に転用された駅敷地も、一部は二〇一五（平成二十七）年にドラッグストアが開店するなど、往時の面影は年々薄れつつある。しかしそれでもなお、「駅」を名乗り続け、バスターミナル、そして蒲原鉄道の本社として機能する村松駅。そこには、バスすら縮小された今でも、村松という歴史ある街とともに生きた鉄道のＤＮＡが、脈々と受け継がれている。

京都市営バスの行先表示はなぜLED化されないのか？

京都市営バス（京都府京都市）

バス正面の上部や乗降口付近には、行先や路線が表記された行先表示がある。一九九〇年代までは巻き取りで表示を変える方向幕が主流だったが、二〇〇〇年代以降はＬＥＤでの表示が中心になってきている。切り替えが容易で、路線の変更や追加があっても対応がしやすいためだ。全国の多くのバス会社で、方向幕は役目を終えつつある。

だが、京都市内の生活や観光を支える京都市営バスでは、行先表示のＬＥＤ化は進んでいない。二〇一〇（平成二十二）年度〜二〇一二（平成二十四）年度に一時期ＬＥＤを導入したが、翌年度から再び方向幕に戻っている。

京都市営バスが方向幕を残している理由は、行先表示に独特の色分けルールを設けている点にある。京都市営バスの行先表示の場合、右側に系統番号が配置されている。系統番号の色には三種類あり、オレンジ地に白文字・青地に白文字・白地に黒文字となっている。それぞれ、オレンジ地は市内循環で均一料金のもの、青地は京都市中心部の均一区間を走

京都駅前のターミナル。系統番号部分が通りを示して色分けされている

るもの、白地は郊外を走るものという区別がある。

　LEDによる行先表示は、多くが黄色（オレンジ色）の単色であるため、京都市営バスで採用されている系統色分けに対応するのは難しいのだ。さらに、利用者にとってよりわかりやすい表示にするために、二〇一四（平成二十六）年度に導入されたラインカラーも、LED導入の壁となっている。

　現行の行先表示だと、終点・経由地を書いた文字の下には、六種の色の線が引かれている。京都の町の主要な通りを表しており、黄色は西大路通《にしおおじどおり》・紫色は千本通《せんぼんどおり》と大宮通・緑色は堀川通・水色は河原町通《かわらまちどおり》・オレンジ色は東山通《ひがしやまどおり》・白色は白川通《しらかわどおり》を経由する、という意味だ。一度はＬＥＤを導入したのに二〇一三（平成二十五）年度に方向幕に戻したのは、ラインカラーの導入を見越してのこと。これほど複雑な配色のルールがあることを知れば、京都市営バスが方向幕にこだわる理由もわかるだろう。

カラー表示のLED式行先表示器も開発されたが……

一方で、ＬＥＤによる行先表示の技術も進歩してきている。二〇一四年十二月、電車・バス用電気機器メーカーの「レシップ」は、日本初のカラー表示のバス用ＬＥＤ式行先表示器を開発したと発表した。従来はＬＥＤ自体のコストが高く、行先表示器は比較的安価な黄色（オレンジ色）単色となっていた。しかし、青色ＬＥＤの量産化に伴って、ほかの色を出すコストも安くなり、カラー化を実現できたというわけだ。色で系統を区別していたため、ＬＥＤを導入できなかったバス会社にとっては朗報となる。

すでに西武バスや名阪近鉄バスが、カラーのＬＥＤ式行先表示器を導入している。京都市営バスはまだ方向幕のままだが、技術の進歩により近い将来に行先表示がＬＥＤに完全に変わることが、現実化してきているといえる。

スピーカーから音楽を流すメロディバスの利用者とは？

新常磐交通／上遠野～川畑・大平～入遠野線
（福島県いわき市）

福島県いわき市は千二百三十一平方キロメートルと、一九六六（昭和四十一）年の合併当時は日本一の面積だった。かつては炭鉱で栄えた地域でもあったが、産業の斜陽化に伴い、新産業都市としての指定を受けるべく大きく合併したのである。

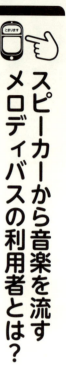

新常磐《しんじょうばん》交通いわき中央営業所が運行する一般路線は、ほぼすべてがいわき市内に収まる。そうした新常磐交通の運行路線の一つとして、ＪＲ常磐線湯本駅から根岸行きというバスが出ている。出発から三十分ほどでたどり着くのが「上遠野《かどの》」バス停だ。ここは小さいながらバス路線の拠点で、湯本駅～根岸の路線のほか、上遠野～植田《うえだ》駅やローカル線の発着点となっている。

上遠野は昔ながらのバスターミナルといった雰囲気で、現在も上遠野車庫として数台の常駐車両があるのだが、それらには一つの特徴がある。屋根上に設置されたスピーカーだ。湯本や植田への路線には湯本車庫常駐の車両も使用されるのだが、上遠野車庫の車両と見分けるには、このスピーカーの有無を見ればよい。

児童の登下校時間に合わせて運行

このスピーカーは、メロディバス用のものだ。メロディバスとはバスのフリー乗降区間（バス停以外でも乗り降りできる区間）において、バスの接近を知らせるために音楽を流しながら走行するバス。地方の山間部を走るバスには時折見られるが、ローカルバスの減少や、機器の老朽化に伴って減少傾向にある。新常磐交通でも、この上遠野車庫でのみに見られるだけの貴重な存在だ。

上遠野からは、深山田《みやまだ》行き、川畑経由入遠野行き、大平《おおひら》経由入遠野《いりとおの》行きのローカル線三路線が出ている。入遠野方面行きは途中の経由地が異なるだけで、終点は同じ。各路線ともフリー乗降区間があり、その区間でメロディが流される。

メロディバスの主な利用者は、この地域の学校に通う子どもたちだ。そのためこの三路線はすべて土・日曜・祝日、さらに休校日には運休となる。学校の長期休暇ともなると、一カ月近く走らない日もある。運行時間は学校の通学に適したもので、朝と夕方に集中している上、便数が極端に少ないことも特徴だ。

入遠野方面へと発車したバスは、上遠野の小さな中心街を抜ける。遠野支所を過ぎたあたりから先がフリー乗降区間となり、バスはメロディを流し始める。曲は、やや音割れした「我は海の子」。メロディがのどかな景色の中に響き渡るのだが、山に向かっているのに海の子という曲の選択が面白い。

川畑経由と大平経由は途中でルートが分かれ、入遠野を目指すことになる。川畑経由は里山の中を走り、大平経由は入遠野川の渓谷沿いを走る。最終的に到着する場所は同じだが、途中の景色は二ルートで大きく異なる。

入遠野地区に入り、入遠野中を過ぎると川畑経由と大平経由のルートが合流。入遠野小に着くと、ここで数人の児童がバスに乗り込んで来る。入遠野地区はところどころにまとまった集落があり、バス停ごとに児童を降ろしながら終点の「入定《にゅうじょう》」バス停へと向かう。坂の中腹にある終点で、到着したバスはここでしばしの待機。やがて上遠野へ向かう復路

右側が屋根にスピーカーの付いたメロディバス

となるのだが、今度はメロディが「通りゃんせ」に変更される。

利用者は小学生のほか、数人の高校生が主体。一般の乗客は本当にごくわずかなのだという。基本的に、利用者である児童の乗降場所はほぼ決まっているのだから、メロディバスでなくてもよさそうだが、この地域の住民にとっては、時報代わりにもなっているという。

行き先表示がどこにもない!? 道端のポールがバス停代わり

秋北バス／打当線
（秋田県北秋田市）

バス停の形やデザインは、バス会社によって異なる。丸型や四角型、近年の都市部では、電光掲示でリアルタイムの運行状況を知らせるものもある。しかし、上部にバス停名や行き先を記した板のある基本形は、どのバス会社でも共通しているだろう。ところが、肝心かなめのバス停名を記した板がないバス停が存在する。

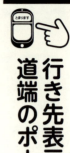

秋田県北部の内陸部に位置する北秋田市。平野部には市街地と田園が広がり、山間部の森吉地区は特別豪雪地帯に指定されている。ＪＲ鷹《たか》ノ巣《す》駅から路線バスで二十五分、市街地から少し離れた場所に、北秋田市民病院がある。この病院と、「マタギ」の里として知られる阿仁《あに》地区の打当《うっとう》を結ぶのが、秋北《しゅうほく》バスの「打当線」。平日のみ、一日一往復という非常にレアな路線だ。「市民病院前」バス停を出発したバスは、秋田内陸縦貫鉄道と阿仁川に沿うように国道一〇五号線を南下する。

打当線の途中、森吉山の麓の阿仁《あに》萱草《かやくさ》という地域に、そのバス停はある。萱草の集落を

ポールの上に行先表示・バス停名の表示ともにない（写真：秋北バス）

抜けてすぐ、国道一〇五号線沿いの待合室のような小さな建物前にぽつんと置かれた、一本のポール。これが実はバス停なのだ。

といっても、このバス停は冬の間だけの期間限定のもの。阿仁萱草には秋田内陸縦貫鉄道の萱草駅があり、駅前と集落内に「萱草駅前」と「萱草」という二つのバス停があるが、冬は大雪に見舞われるため、バスは集落内には入らず国道一〇五号線を直進する。その際、集落内の「萱草駅前」と「萱草」バス停の代わりとなるのが、この丸板のないポールのみのバス停なのだ。冬期間のみとはいえ、丸板のないバス停は見つけづらい。打当線に乗る機会があったら、見逃さないよう目を皿にして探してみよう。

下車する前にぐるり一周
客を乗せてターンテーブルが回転！

関東バス／荻36系統
（東京都杉並区）

荻窪《おぎくぼ》駅北口と南善福寺《みなみぜんぷくじ》の間を折り返し運転する関東バス「荻36」系統は、日中は約十分おきのペースでバスが運行する繁忙路線である。いわゆる都心のベッドタウンを走る一般的な路線なのだが、荻窪駅発の便で最後まで行くと驚きの体験が待っている。

終点の猫の額ほどしかない「南善福寺」バス停に着くと、バスは頭から駐車する格好で停車。運転手が窓を開け、ポールから垂れ下がっているヒモをおもむろに引っ張ると、なんとバスはその場で五十秒ほどかけて百八十度の回転を始めるのだ。乗客を乗せたままターンテーブルが回り、回転終了後、乗客は降車することになる。

ターンテーブルは「転車台」とも呼ばれ、道路が狭いなどの理由により終点近くでUターンが不可能な折り返し路線に必須な存在。時代とともに数が減りつつあるとはいえ、路線バスがターンテーブルを利用するケースは、高尾駅北口バス停や箱根登山バスの「強羅《ごうら》駅」バス停などにも例が見られる。しかしバスに乗ったままで回転を体験ができるものは、

ターンテーブルは狭い終点での折り返しに欠かせない設備

全国的にも非常にレアな存在となっている（ほか、伊予鉄道バス・道《どう》後《ご》温泉駅前などにも）。

「南善福寺」バス停にターンテーブルが登場したのは、一九八一（昭和五十六）年のこと。停車場の奥に関東バスの社員寮を造ったため、Uターン可能なスペースがなくなり、ターンテーブルの設置となったわけである。到着してすぐに降車できず、乗車時間を短縮するためにも「お客を降ろしてから回転させればいいのでは？」との疑問がわきあがるが、乗客が降車後、バスの回転に巻き込まれることがないように、このような運用になっているそうである。

バスの乗り継ぎポイントが瀬戸大橋の真ん中にある？

下電バス／瀬戸大橋線（岡山県倉敷市）
琴参バス／瀬戸大橋線（香川県坂出市）

三つの本州・四国連絡橋のうち、最も早い一九八八（昭和六十三）年に開通したのが、岡山県倉敷市と香川県坂出《さかいで》市を結ぶ児島《こじま》～坂出ルートの瀬戸大橋である。瀬戸大橋の経由する島のうち、櫃石島《ひついしじま》・岩黒島《いわくろじま》・与島《よしま》の三つは有人島だ。そのため瀬戸大橋の途中、その三つの島には路線バスのバス停がある。

だが瀬戸大橋の途中に、異なるバス会社の路線が接続する乗り継ぎ地があることは、あまり知られていない。与島にある「瀬戸大橋フィッシャーマンズワーフ前（略称：瀬戸大橋ＦＷ前）」というバス停がそれ。路線バスで瀬戸大橋を渡るには、ここで乗り継ぎをしなければならないのだ。

岡山県から瀬戸大橋を渡る場合、まず下津井《しもつい》電鉄の運行する下電《しもでん》バス瀬戸大橋線に乗車。ＪＲ児島駅前を出発したバスは、児島ＩＣを経由して瀬戸大橋に入る。櫃石島と岩黒島のインターチェンジ入口にはゲートがあり、住民の車と路線バス、緊急車両を除く一般車両

瀬戸大橋FW前バス停と、瀬戸大橋を背に走る琴参バス（撮影：藤田哲史）

は進入できない。そのため、この二つの島に一般観光客が訪れたいときは、路線バスを利用することになる。

続いて到着する与島は、瀬戸大橋の途中で唯一の一般車両が降りられる島だ。下電バスの終着駅はこの島にある「瀬戸大橋ＦＷ前」バス停で、先へはここで香川県側のバス会社・琴参《ことさん》バスに乗り換え。琴参バスに揺られて、ようやく坂出市内にたどり着く。

四国側から運行する琴参バスの瀬戸大橋線は、坂出市の「回生《かいせい》病院」バス停を出発し、ＪＲ「坂出駅」バス停を経由して与島の「浦城《うらじょ》」バス停、もしくは櫃石島まで向かう。その途中の「瀬戸大橋ＦＷ前」バス停で、下電バスへの乗り換えができるというわけだ。

バブル期の観光施設跡が寂しい

路線バスの乗り継ぎ地点となっている「瀬戸大橋FW前」バス停だが、かつては多くの観光客で賑わう場所だった。瀬戸大橋の開通に合わせ、京阪電鉄が京阪フィッシャーマンズワーフという商業施設を建設したためだ。レストランやみやげ物店の入った施設は、バブル経済のまっただなかだったこともあって、与島に空前の観光特需をもたらした。しかし、瀬戸大橋ブームが去ると低迷し、親会社が変わっても観光客の減少に歯止めがかからなかった。

現在は建物が取り壊され、太陽光発電施設となっている。もっとも、与島も完全に寂れたわけではない。与島パーキングエリアは、瀬戸内海を見渡す絶好のビューポイントであり、立ち寄る人も多い。

かつては、乗り換えなしで瀬戸大橋を通過する路線バスもあったが、利用者の減少で現在のように乗り継ぎが必要になっている。瀬戸大橋を渡る路線バスは一日に六往復あり、下電バスと琴参バスが接続できるよう、時刻は調整されている。都市間の高速バスで一気に瀬戸大橋を渡るのもよいが、ローカルバスでの乗り継ぎも旅の風情があり、いいものだ。

二台つなげて輸送力アップ！新時代の輸送を担う「連節バス」

京成バス／「幕01」系統など（千葉県千葉市）
神奈中／「湘25」系統など（神奈川県藤沢市）

昭和四十年代をピークに、路線バスの利用客は減少傾向にある。それによる減益の対策のひとつが、運転手など人員減による人件費の圧縮である。しかし人手不足により、繁忙路線では増便ができないことから、乗客をさばききれないケースも見られ始めた。二つの相反する難問をまとめて解決できる輸送手段が、「連節バス」だ。

連節バスとは、通常の車両に一台以上の追加車両が連結されたバスのこと。似たようなものに「トレーラーバス」があるが、牽引するバスの後ろに独立した車両をつなげているので、車両間の行き来ができない。それに対して、連節バスは車両と車両を幌《ほろ》でつないでいるので、車内を行き来できる仕組み。そのため利便性は連節バスのほうが高い。

特徴はなんといっても、輸送力の高さだ。車両を二台分つなげたタイプだと、一回の運行で普通のバスの約一・五倍の輸送力を誇る。ドイツ・ネオプラン社製の車両「セントロライナー」を使用する、神奈川中央交通の「ツインライナー」は、全長約十八メートル、定員百二十九名（運転手含む）と、通勤電車一両分のキャパシティに匹敵するスペックだ。広々とした車内はゆったりと乗り心地がよく、後方の車両に座っていると、大きなカーブで車窓ごしに前の車体が曲がって行く様子が見える。

全国に広がる連節バスの利点と問題点

最近、全国各地で導入が進んでいる連節バスだが、その先駆けとなったのが京成バスが一九九八（平成十）年から、千葉市の幕張新都心《まくはりしんとしん》で運用している車両だ。同地域には四万人もの人々が就業しており、ピーク時には一時間に三千人という全国最多規模の乗客を輸送する路線を抱えている。そこで、ＪＲ「幕張本郷駅《まくはりほんごう》」バス停を出発してオフィスビル群を通り、「海浜幕張駅《かいひんまくはり》」バス停を経由して幕張メッセやＱＶＣマリンフィールドに到着する「幕01」系統などに、連節バスを投入。現在「シーガル幕張」の愛称がついた、十五台のメルセデス・ベンツ製「シロータG」が活躍しており、ＩＣカード利用による二列同時乗車などの工夫とも相まって、高い効果を上げている。

先ほどの「ツインライナー」は、神奈川県藤沢市の「湘南台駅西口」バス停から慶應大学湘南キャンパスを通り、「慶応中高等部前」バス停を結ぶ「湘25」系統で運用。小田急線のみが発着していた湘南台駅に、一九九九（平成十一）年に横浜市営地下鉄と相鉄いずみ野線が乗り入れた結果、四年間で利用者数がそれまでの二倍の十万人にまで膨れ上がった。それを受け、二〇〇五（平成十七）年に誕生した路線だ。ほかにも、神奈川県厚木《あつぎ》市の厚木バスセンターから「厚木アクスト」バス停をつなぐ「厚１０５」系統、東京都町田市の「山崎団地センター」バス停から町田バスセンターをつなぐ「町13」系統などでも、ツインライナーを運行している。この二系統は「湘25」と異なり、京成バス同様「シロータG」で運用している。車両が海外製ばかりなのは、国内に連節バスを作るメーカーがないためである。

最近では、新潟交通が二〇一五（平成二十七）年九月に、新潟駅とイオン新潟青山店近くの「青山」バス停をつなぐ「萬代橋《ばんだいばし》ライン」に導入。二〇一六（平成二十八）年八月には西鉄バスが、博多駅・天神《てんじん》地区と博多港を結ぶ路線で運用を開始。連節バス導入の流れは、ますます広がっている。

輸送力の面では利点の多い連節バスだが、問題点もある。一つは導入コストが高いことで、一般のバス車両が約三千万円なのに対し、連節バスは一億円ほどにもなるという。さらに、現行の道交法が連節バスの運用を想定していないので、警察や自治体との非常に細

神奈中バス「湘25」系統のツインライナー

車体はゆとりのあるつくり。まさに２両編成の電車のようだ

かい協議が必要になってくる。例えば通常のバスだと、通行止め時の迂回運転などは管理者の判断で柔軟に行えるのだが、連節バスだとそのような非常時のパターンまで含め、詳細に検討した上で許可を得る必要があるのだ。

意外なことに、連節バスの運転に牽引免許は必要ない。「車両構造上、相当分解しないと切り離せない」という理由で、一般のバスと同様に大型二種免許さえあれば運転できる。実際には牽引車両の運転技術が必要なので、ほとんどのバス会社は牽引免許所持者を連節バスの運転手にあてている。

バスに乗っていながら、どこか鉄道に乗車している気分にも。その特異な乗り心地も、ぜひ体験してみよう。

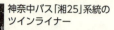

伊豆諸島・三宅島のバスの車両がバラエティ豊かな理由

三宅村営バス
（東京都三宅村）

東京都心から南に約百八十キロメートルの洋上に浮かぶ、三宅島《みやけじま》。全島が三宅村に属し、中心部の雄山《おやま》がしばしば激しい噴火活動を行っている。二〇〇〇（平成十二）年にも大規模な火山活動が起き、住民に全島避難勧告が出されたが二〇〇五（平成十七）年に避難勧告は解除。島での生活は徐々に元に戻ってきている。

三宅島へのアクセスは、東京竹芝《たけしば》桟橋からの大型客船に加え、調布《ちょうふ》飛行場からの空路がある。スキューバダイビングや釣りをしたり、火山島の雄大な景色を楽しんだりと、観光地としての魅力も多い。

島の基幹道路は、海岸線に沿って島を一周する都道二一二号線だ。島内唯一の公共交通である村営バスがこの道を走り、住民や観光客の重要な移動手段となっている。路線バスは環状の都道を右回りするもの・左回りするものと二種類の系統があり、定期船の到着に合わせた臨時便も運行される。また、島内の貸し切りバスも村営バスの管轄だ。

村営バスの車庫は、村役場や空港などが所在する三池《みいけ》地区にある。左回りの路線は「高校前」バス停を出発し、空港前～三池～椎取《しいとり》神社～支庁前～伊豆岬《いずみさき》入口～錆《さび》ケ浜《はま》港入口～高校前～空港前～三池の順に停車する。高校前～三池間は一つの便で二回運行することになる。逆順となる右回りも同様だ。

路線バスは一日に左回り・右回り五便ずつが運行される。それに加え、毎日早朝の定期船の到着に合わせて三池港・錆ケ浜港・伊ケ谷港から、それぞれ臨時便が発車する。

これだけならば、予備車も含めて車両数は数台ですむはずだが、貸し切りバスの運営も行っているため、村営バスの所有する車両数は多めである。緊急時の避難行動に備えて、という意味合いもあるようだ。

自然条件ゆえにバスの車種が多彩になった

面白いのは、島内を走るバスの車両が非常にバラエティ豊かであること。活躍している車両が元都営バスなど、ほかのバス会社の中古車両なことによる。車種や塗装は一台ずつ異なっており、「三宅村営バス」の表記と、色鮮やかな島のステッカーが共通点となっている。島のイラストは、島に生息する希少種の「アカコッコ」だ。

車体には三宅島で見られる天然記念物・アカコッコのイラストが

車両のバラエティの多さの背景には、火山島である三宅島ならではの理由がある。前述の二〇〇〇（平成十二）年の全島避難のとき、当時の村営バスの車両は火山ガスの腐食を受けて使用不能となった。住民の復帰時、都営バスが中古車両を譲渡して村営バスは営業再開にこぎつけた。しかし、三宅島は離島のため塩害の影響も大きく、このとき導入された車両も、多くが塩害と火山ガスの腐食によって数年で廃車となった。

三宅島を走るバスが多様なのは、火山ガスと塩害という島特有の自然条件のため、数年スパンで中古車両を導入しなければならないという事情があるからなのだ。

代替輸送手段ＢＲＴは三陸の新たな公共交通に

ＪＲ東日本／気仙沼線ＢＲＴ（宮城県石巻市～気仙沼市）
ＪＲ東日本／大船渡線ＢＲＴ（宮城県気仙沼市～岩手県大船渡市）

ＢＲＴとは「バス・ラピッド・トランジット」の略で、バス専用道やバスレーンなどの設備により、速達性や定時性や大量輸送を実現する、高機能のバスシステムのこと。東日本大震災で被災した宮城・岩手県のＪＲ気仙沼《けせんぬま》線と大船渡《おおふなと》線の代替輸送として、津波で流失したり地震で倒壊した路盤を整備。一部をバス専用道路として運用しており、ＢＲＴの本格的導入事例として注目されている。

運行するバスは一般の道路を走る部分もあるが、かつての線路を転用した専用道が中心のため、渋滞が続く国道を横目にスイスイと走れるのが快適だ。元が鉄道敷なので道路幅が一車線分しかなく、駅やトンネルの手前などではバス同士がすれ違う必要があるが、それもうまく計算され、ほぼダイヤ通りの定時運行を実現している。

バス路線であるものの、ＪＲ線と連続して普通乗車券や定期券、回数券などで乗車できる。車内で現金での支払いもでき、専用の「ｏｄｅｃａ《オデカ》」やＪＲ東日本の「Ｓｕｉｃａ《スイカ》」

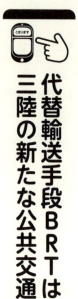

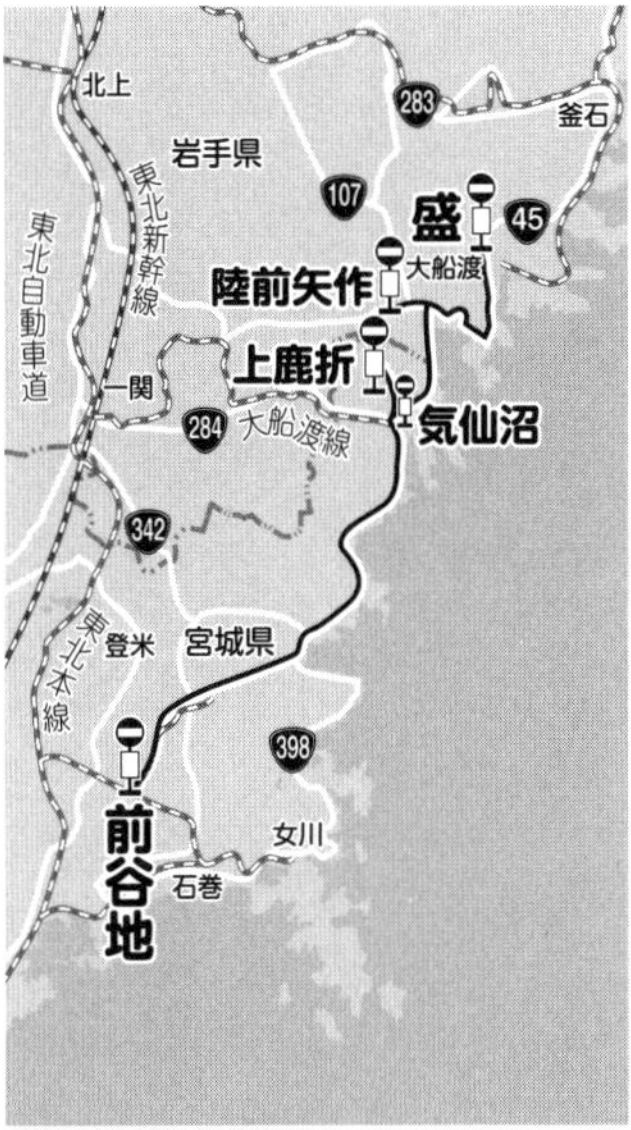

といった交通系ＩＣカードも使える。「青春18きっぷ」などの鉄道フリーパスも利用可能と、運賃システムは鉄道のものに基づいている。

気仙沼線と大船渡線のＢＲＴ化の位置づけは、鉄道が復旧するまでの暫定策だった。しかし鉄道による復旧費用が合計で約千億円以上にものぼることが判明したことから、ＪＲ東日本はこれを断念。ＢＲＴを本格復旧として継続運行する方針を固め、沿線自治体に提案した。

これに対して二〇一五（平成二十七）年十二月、登米《とめ》市と南三陸町が合意。結論を見送っていた気仙沼市も「運行速度と速達性の確保」「仙台へのアクセスの確保」「地域振興・観光振興への貢献」「地域事情への配慮と利便性向上の追求」などを条件に、二〇一六（平成二十八）年三月には合意し、ＢＲＴの継続が決定した。大船渡線については気仙沼市、陸前高田《りくぜんたかた》市、大船渡市ともにＢＲＴ化を受け入れている。

利便性の高い次世代の交通システム

鉄道からBRT化されたことで利用者に最も評価されているのは、便数が増えたことだ。鉄道運行時の気仙沼線と大船渡線は、一日の運行本数が十往復前後で、列車の間隔が二時間ほど空くこともあった。それに対しBRTは、区間によっては上下線とも一日三十便以上と、約三倍にも増えた。六時前の始発から二十一時過ぎの終バスまで、ほぼ三十分に一便が運行され、通学生の多い朝夕は便数を増やしたり、イベントなどの際には臨時便を出したりできるといった柔軟性もメリットとなっている。

停車する場所はバス停ではなく「駅」と称され、もともとあった駅に隣接されたり、安全な場所に移設されたりして、主要地区のアクセスを担っている。気仙沼線では一つ、大船渡線では六つの新駅も開設。市役所や病院、商店街、仮設住宅などの近くに駅を設けることで、生活の身近な足となっている。駅には屋根やベンチが整備され、運行状況を確認できるロケーションシステムが導入されており、洗練されたデザインも印象的だ。

車両は、首都圏で活躍していたバス車両を改装して利用しているものもある。車体には

「碁石海岸口」バス停脇には踏切も残っている

鉄道施設を利用しているため、駅での列車との乗り換えがスムーズなのも利点だ（盛駅）

沿線のご当地キャラクターや、沿線の復興を象徴するキャラクター「おっぽくん」が描かれ、親しみをもてる。二〇一四（平成二十六）年春からは一日二往復、気仙沼線「おでかけ『旅』号」と大船渡線「三陸の『海』号」と名付けられた、観光タイプの車両も運行。電気で走る「e－BRT」も運行され、エコをイメージした明るい車内にはモバイル用のＵＳＢ電源も付いている。

　導入後、まだ多くの課題は残されているが、ＢＲＴはもはや鉄道の代行ではなく、新しい次世代の公共交通システムとして定着していきそうだ。

狭い区画を有効利用!? 橋脚間のバスターミナル

神姫バス／神戸三宮バスターミナル
（兵庫県神戸市中央区）

神戸市の中心地にして、日本を代表する繁華街のひとつ三宮《さんのみや》は、阪急電鉄神戸本線など六路線の鉄道駅が集まる、交通の一大拠点だ。バス交通の要衝としての顔も合わせ持っており、JR三ノ宮駅や阪神・阪急神戸三宮駅のまわりのそこかしこにバス停が存在する。

三宮には、名称に「バスターミナル」を冠する施設が二つある。一つは、阪神淡路大震災で全壊に近い被害を受けた「旧・神戸新聞会館」の跡地に建つ、駅前の総合ビル「ミント神戸（神戸新聞会館）」一階の「三宮バスターミナル」。二〇〇六（平成十八）年に供用開始された、乗降車合わせて十一のバースを待つ神戸市最大のターミナルで、東京以西の全国主要都市に向けて発着する高速バスや、神戸市バスをはじめとする一般路線バス、近隣ホテルへの送迎バスがひっきりなしに行き交っている。

そしてもう一つの「神姫《しんき》バス神戸三宮バスターミナル」。その名称通り神姫バスの県内を走る一般路線バスや、高速バスがメインで利用しているほか、全但《ぜんたん》バスなど他社の高速バスの発着にも使われている。

高架下のそれぞれの区画にバスがスッポリ！

このバスターミナル、立地が全国でも非常に珍しい。なんと、ＪＲ三ノ宮駅近くの高架下にある。高架を支える橋脚間の区画をひとつひとつ利用した、世にも珍しいターミナルなのだ。なお、この高架自体も一九三一（昭和六）年に造られた歴史あるもので、重厚な橋脚や天井のカマボコ型アーチなどが醸し出す、独特のたたずまいが人気となっている。

ターミナル全体は、高架の橋脚で区切られたスペース十一個分からなっており、そのうち三つを乗車券売り場や待合室が占める。八つ分がバス乗り場にあてられ、各スペースがそのまま一つのバースとして使用されている。バース同士をつなぐ歩行者用通路はあるものの、それぞれの出入り口は公道に面した一カ所しかない。上から見ると櫛の歯のような構造であることから「櫛形《くしがた》」とか、「頭端式《とうたんしき》」と呼ばれる特徴的な形状になっている。

ということは、バスはターミナルの中で横移動もできないし、片側から入車し、もう片側から出車することもできない。従って、到着した車両は後ろ向きに乗り場に入車する必要があり、出入り口には常に何人かの誘導係員が待機している。彼らの誘導で、巨大なバ

レンガ柱の間からさまざまなバスが顔をのぞかせている、神姫バス神戸三宮バスターミナル

スが車幅ギリギリの支柱と支柱の間にバックで収まっていく様子は、周辺ではすっかりおなじみの光景だ。

各バースにはバスが縦に二台まで入れるが、ひっきりなしに発着するため、新たに到着した車両がとりあえず、空いているスペースに随時入車することもしばしば。誘導係員がキビキビと、バスの動きを指示している。

このような運用なので、乗り場が確定するのは発車時刻の十分前。乗客は、待合室の放送や案内表示モニターで確認してから、目的のバス乗り場へ向かうことになる。

なお、ＪＲ三ノ宮駅からターミナルに向かうには、最寄りの東口改札から徒歩で五分ほどかかるが、実は位置的にはホームの東端のすぐ下にあるので、直線距離は近い。駅のホームで電車を待っていると、バスの誘導音や「オーライ！」の声が聞こえてくることもしばしばである。

第4章

なぜそんなことになった？
全国路線バスの面白トリビア

ツーマン運行

全国でもレアなツーマンバス杉並区の狭路にて運行中

一般路線バスの運行は、運転手が一人で乗務するワンマン運行がほとんどで、昔のように車掌などの補助員がつくケースは少ない。そんな全国的にも珍しくなった二名運行のバスが、都心のど真ん中、東京都杉並区に現存している。

同区は、都内でも特に曲がりくねって狭い道路が多い土地柄として有名で、一歩路地に入ったら、普通の自動車でさえ運転に苦心することもしばしばだ。しかしその道の狭さこそが、全国でも希少な存在となったツーマンバスが運行する所以でもあるのだ。

この路線の起点は、JR中央線と東京メトロ丸ノ内線の電車が停まる荻窪《おぎくぼ》駅にある。このあたりは古くから閑静な住宅街として知られる一帯であるだけに、関東バスと西武バスのバス停が多数存在している。乗り場があるのは、商業施設が集まる北口に比べると若干落ち着いた印象の南口。階段を降りると、駅と平行に四つ並んだバス乗り場が目に飛び込んでくる。このうち一番東側の一番バス停から、関東バス「荻51」系統「シャレール荻窪

道幅と車両の間隔を見れば誘導員の必要性も納得

ゆき」は出発する。その時点では乗務員は運転手だけで、特に何の変哲もないワンマンバス。もう一人の乗務員が乗り込んで来るのは、もう少し先の地点からである。

駅前から出発した「荻51」系統は、しばらく線路沿いの一方通行道路を上り方面に走り、すぐに荻窪四丁目の丁字路で右折する。コンビニや商店、マンションが建ち並ぶ片側一車線道路をしばらく道なりに進んで、「荻窪高校前」などのバス停を通過。善福寺《ぜんぷくじ》川を渡ると、ようやく道幅に余裕がある環八《かんぱち》通に合流する。しかし環八通を進むのはわずか四百メートルほど、「川南《かわみなみ》線」の名前のもとになった「川南」バス停に停まったあと、再び幅の狭い道（地元で旧環八通りと呼ばれる）に入って行く。この道の対向車線には荻窪駅方面へ戻るバスが次々と通過し、「荻51」系統はそれらと何とかすれ違いを続ける。

誘導→乗車→降車→誘導 大忙しの添乗員

さらに進み、「荻窪二丁目」バス停を過ぎてすぐに左折するポイントがあるのだが、そこには誘導棒を持った制服姿の誘導員が立っている。これまでにも増して狭い道に続くその角を、安全に曲がれるようにバスを誘導。左折に無事成功したバスは、バス停でもないのにここでいったん停車する。すると先ほどの誘導員が、ここから車内に乗り込んでくる。誘導員がバスの補助員となり、ここから「荻51」はツーマンで運行となる。補助員は基本的にバス前方入り口のすぐ脇に立って待機するが、車内が空いている場合は座席につくこともある。

ここから先、バスの行く道はいっそう狭くなり、対向車とは道幅ギリギリでなんとかすれ違い、時に脇のスペースに退避してバスをやり過ごす。対向車線からバスが来たらどうなるか心配だが、このあたりでバス同士がバッティングしないように、上手くダイヤを組んでいるそうだ。バス停と同名の小さな橋、西田端橋で再び善福寺川を渡って少し進むと、正面に巨大な集合住宅「シャレール荻窪」が次第に見えてくる。駐在所を過ぎたところでいったん左折、シャレール荻窪をぐるりと回っていくつかのバス停を巡ってから、終点の「シャレール荻窪」バス停に到着した。ここまで、先ほどの誘導員は乗車したままだ。

「荻窪駅」行きとして改めて出発したバスにも、誘導員は続けて添乗し、もと来た道を戻って、先ほどの「荻窪二丁目」バス停手前の交差点にたどり着くと降車して、再びバスを誘導。すぐに荻窪方面からやって来た別の「荻51・シャレール荻窪行き」を誘導し、またその車両に乗り込んで行った。実に忙しい。

シャレール荻窪はもともと「荻窪団地」といい、「荻51」は団地の住民のために、一九六〇(昭和三十五)年に運行開始された。また、団地が新しくなる前は周囲を回る循環路線はなく、終点(現在の「荻窪一丁目北」バス停あたり)近くの一般道路で折り返しをする必要があった。そこでも必ず誘導員が降り、一度後退して待機所に入るバスを誘導していたのだ。込み入った路地が錯綜する杉並区のバス路線だからこそ、こうしたシステムが未だ必要なのだといえよう。

増便対応

観光地の島を走る能古島内線行楽シーズンはバスを船で補充？

能古島《のこのしま》は、博多湾の中央に浮かぶ面積約四平方キロメートルの小島である。福岡市姪浜《めいのはま》の能古渡船場から、フェリーで約十分の距離にある。福岡市の中心部からもアクセスしやすいため、海水浴場やキャンプ場もあり、手軽な行楽地として親しまれている。小さな島ながら歴史を感じさせるスポットにも恵まれており、島の南にある早田《そうた》古墳群は、七世紀前後に造られた古墳だという。島の南東部にある北浦城跡は、中近世に使われた砦の跡と考えられている。

そんな多面的な魅力を持つ能古島、島内には信号機のないことでも有名だ。島内の公共交通は、西鉄バスが担う。「能古島内線」は、九州北部の各方面を網羅する西鉄バスの路線網で唯一、島の中を走る路線だ。島の南部にある海沿いの集落、「龍の宮」バス停を起点として、北部の「のこのしまアイランドパーク」を結んでいる。「龍の宮」バス停から出発して海辺を走り、「渡船場前」バス停へ。ここで、フェリーから降車した利用者たち

島を周回する道路の爽やかな海岸線をバスがゆく

を乗せる。北浦口バス停からは、海沿いを離れ山道を走る。山道はかなりの急勾配と急カーブの連続である。始点から終点までわずか十五分ほどの短距離路線ながら、車窓から見える風景は海辺の漁村から山、森と目まぐるしく変わる。

能古島内線のバスは、ほぼ一時間に一便というペースで運行されている。しかし、春の花見シーズンや夏休みなどになると島は観光客でごった返し、静かな島の風景が一変する。この時期、能古島内線でも臨時便を出すことになるのだが、通常島内にある車両だけでは、とても対応できない。そのため西鉄バスの車両を、行楽シーズン限定で本土から島に運び込んで対応している

能古島は緑豊かな島でもある

のだ。港では運がよければ、バスが船に載せられて運び込まれる珍しい光景が見られるかもしれない。

能古島渡船場〜のこのしまアイランドパークを結ぶバス路線は、平常期は1時間に1〜2便の運行だが、シーズンになると車両の増強により増便され、さらに姪浜〜能古島を結ぶフェリーも増便される。こうして年に数週間、期間限定で観光客をぎっしり乗せた路線バスが、島内をひっきりなしに行き交うことになるのだ。

地方のBT

大阪直行バスの起点にもなる 四国の最果てターミナル・城辺

愛媛県の最南端に位置する愛南《あいなん》町は、北は南予《なんよ》地方の中心都市である宇和島《うわじま》市に、東は高知県の宿毛《すくも》市に接している。西と南に広がる宇和海《うわかい》では、タイやヒラメ、カキなどの養殖が盛ん。海岸地域のほとんどが「足摺《あしずり》宇和海国立公園」に指定された、風光明媚な土地である。そして鉄道が通っていないため、現在でも、公共交通の主役の座をバスが占める町でもあるのだ。

この地域でバス事業を展開しているのは、南予地方を中心に、北の松山市から県外の宿毛市にまで路線を広げる、宇和島自動車（宇和島バス）。同社の愛南町における拠点になっているのが、城辺《じょうへん》地区にある城辺営業所、通称「城辺バスセンター」だ。

狭い道路に面した入り口には「バスターミナル城辺駅」の看板があり、敷地内には南国風の高い木が何本も立つ独特の雰囲気。コンクリート造り二階建ての立派な建物で、奥にはバスが二十台以上停まれる大きな駐車場がある。

四国の南西端から都会へ直行

城辺は四国の最果て、ともいうべきバスターミナルであるにも関わらず、三宮・大阪行きの高速バスの始点となっている。つまり、ここから関西の中心地まで、乗り換えなしで直行できるのだ。「ウワジマエクスプレス」という愛称で、城辺から新大阪を結び、途中宇和島や大洲《おおず》などにも停車して瀬戸内海を瀬戸大橋で渡る、走行距離約五百キロメートルもの長大路線である。

かつて、二〇一五（平成二十七）年までは、宇和島から～埼玉県大宮までを走っていたウワジマエクスプレスの「東京線」という路線があった。こちらは、走行距離にして千キロメートル以上、所要時間では十四時間三十分を超えて走る、全国でも有数の長距離路線だった。

この営業所管内の路線バスで重要な役割を果たしているのが、「城辺～松山線」だ。城辺バスターミナルと松山「道後《どうご》」バス停の間を一日四往復しており、車内は四列シートではあるもののゆったりした造り。また全車両で、最後尾にトイレを完備している。

バスは城辺バスセンターを出発すると、国道五六号線（宿毛街道）を北上。この道は四

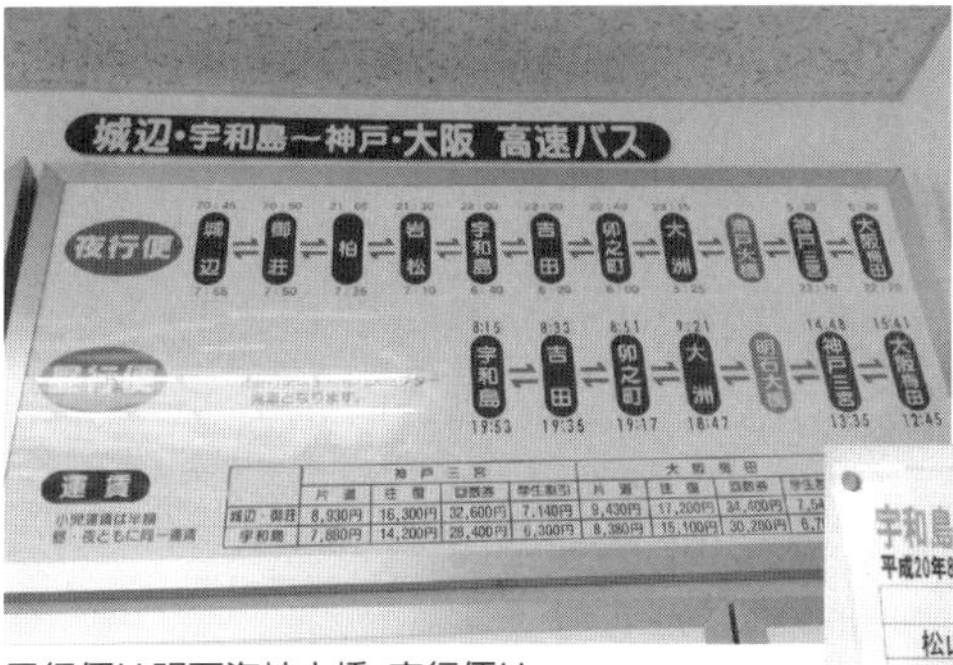

バスセンターは旧城辺町の中心地にある

昼行便は明石海峡大橋、夜行便は瀬戸大橋と、昼夜便で瀬戸内海を渡る橋が異なる

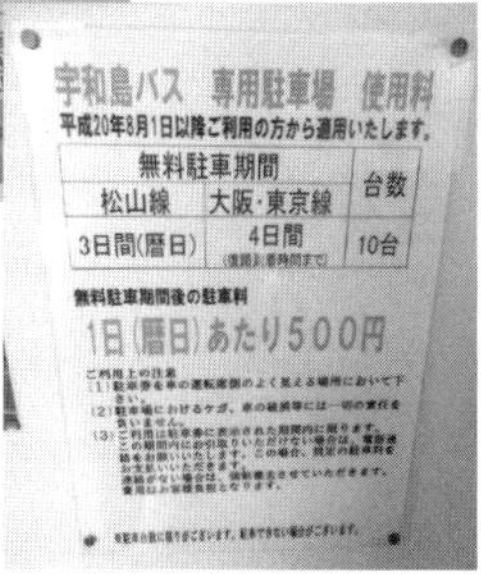

バスセンターには無料駐車場も完備

観自在寺。バス停から徒歩圏だ

国八十八ヵ所巡礼にも使われており、愛南町にも第四十番札所「観自在寺《かんじざいじ》」があるため、バス停でお遍路さんを見ることも多い。

「平山」バス停付近で一度山の中を走った後、「外《そと》室手《むろしゅ》」バス停で再び海沿いの道へ。ここから「嵐」バス停までは、トンネル以外は海を左手に見ながら進む。「津島大橋」バス停を過ぎると同名の橋を渡り、一・七キロメートルと国道五六号線で一番長い松尾トンネルを通過。しばらくすると、宇和島城の近くにある宇和島バスセンターへ。約十分の休憩の後、バスは再び発車し終点の松山「道後」バス停に向かう。

城辺～松山の直通便限定だが、運賃は二〇五〇円と非常に安く抑えられており、買い物にレジャーに、通学やビジネスにと、広く愛南町の足として利用されている。十台までの限定ではあるが、バスセンターの駐車場が松山線利用者なら三日間、大阪線利用者なら四日間、無料で使用でき利便性が高い。

希少な便数

年に一度だけ箱根路を運行！有料観光道路を走るレア路線

神奈川県小田原市に本社を構える「箱根登山バス」は、小田原・箱根町エリアを中心に多数の路線を展開するバス会社だ。そんな同社が、年に一回だけ運行するレア路線がある。「小田原駅発ターンパイク経由箱根町行き」の臨時バスである。小田原駅を出発して、箱根湖の湖畔にある「箱根町」バス停に至る路線自体は、現在でも一日に何便も出ている。しかし箱根ターンパイクを通る系統は、かつて存在していたものの、三十年近く前に廃止されてしまった。それがここ数年、十一月三日の一日のみ、それも片道一便限定で運行されているのだ。

これは「免許維持路線」と呼ばれるもの。路線バスの運行には国土交通省が出す免許が必須で、一度廃止すると再取得するのは困難だ。そこで、利用者減などの理由で休止状態になっているものの、将来再び利用者の増加が見込めたり、迂回路や臨時便用として活用が見込める路線の免許を維持するため、いわばアリバイ作りのように細々と運行を続けて

いる路線なのだ。それでも週に一便程度のペースの維持路線は散見されるが、年に一便というのはさすがに珍しい。

この路線が運行する箱根ターンパイクとは、小田原市のJR二宮駅近くの小田原料金所〜箱根大観山《たいかんざん》口間の「箱根小田原本線」と、そこから少し西側に離れた箱根芦《あし》ノ湖《こ》口料金所〜湯河原《ゆがわら》峠料金所間の「箱根伊豆連絡線」の、二つの道からなる有料道路である。臨時バスが走行するのは、箱根小田原本線の約十四キロメートル。もともと東急グループが造った道路だったが、現在はN《ネ》EXCO《クスコ》中日本の子会社になっており、正式名称もネーミングライツにより「MAZDA　ターンパイク箱根」に改められている。

真っ赤に色づく峠道をゆく

運行日の出発時間は、例年午前九時。日常的に箱根町に向けて運行している「箱根町線」が出発するのと同様、「小田原駅東口」の三番バス停からの発車となる。バスの行先表示器に点灯した、「急行　箱根」と「ターンパイク経由」の文字が誇らしげだ。運賃は一一八〇円、これは普段の「箱根町線」と同じ料金である。乗り込むと「乗車記念証」やシャーペンなどの乗車記念グッズという、嬉しいサプライズが配られる場合もあるそうだ。

運転手から、「このバスは終点の箱根町まで停まりません」旨のアナウンスがあったあとに出発。しばらくは通常の路線と同じく、小田原市街を走る。しかし終点までノンストップの急行のため、いつもは停まる「緑町」「郵便局前」「市民会館前」などのバス停はスルー。十一個目の「板橋」バス停までは通常の道を通るが、次の「ビーバートザン前」バス停には向かわず、「板橋駅前」の信号を過ぎたあたりで左折。まっすぐ進み、早川を渡ってしばらくすると「ターンパイク入口」の表示が見えてくる。ターンパイク箱根小田原本線のバス通行料は、二九九〇円。普通自動車でも七二〇円かかるので、先ほどの運賃設定がいかに良心的かが分かる。そしてここでは、バスの運転手が料金所でお金を払うという、非常に珍しい光景を目の当たりにできるのだ。

料金所を抜けると、急勾配で有名なターンパイクの坂道を、バスはぐんぐんと力強く登って行く。ほとんどの行程で道の左右は緑に囲まれており、初秋らしくところどころ目に

箱根大観山入口をゆく、小田原駅発箱根町行急行(撮影：仲田輝忠)

つく紅葉が美しい。入り口から十一キロメートルほど、ゆるやかな下り坂が続く白銀駐車場の付近は、晴れた日なら左手に相模湾の絶景だけでなく、初島や伊豆大島まで遠望できるビューポイントだ。やがて、大観山の展望台を過ぎるとターンパイクはここまで。突き当たりで右に曲がって元箱根に向かい、県道七五号線・通称「椿《つばき》ライン」に入る。右手に芦ノ湖が見えてきたと思うと、間もなく終点の「箱根町」バス停に到着。所要時間は四十分程度と、普段の路線より十~二十分ほど短い。

この路線、少し前までは長らく知る人ぞ知る存在だったが、ここ数年でバス愛好家に知れ渡り、だんだん混雑するようになってきた。ある年に、視察を兼ねて箱根登山バスのお偉方が搭乗してみたら、予想をはるかに上回るその混雑ぶりに驚いた、などという話もあるほどである。

珍ルート

阿波池田駅前のアーケード商店街を路線バスが駆け抜ける!?

徳島県の西部に位置する三好《みよし》市は、四国を東西・南北につなぐ重要な三本の国道(三二・一九二・三一九号線)が走る町。そして四国交通(通称・四交《よんこう》)は、三好市を中心に約百五十九キロメートル・十系統の路線バスと、新大阪・神戸三宮をつなぐ高速バスなどを運行する、当地のバス交通の要である。

四交が拠点にしている阿波池田《あわいけだ》バスターミナルは、徳島線と土讃《どさん》線が停車するJR四国の阿波池田駅のすぐ隣。駅の真正面には約二百五十メートルもアーケードが続く、阿波池田駅前商店街の入り口が面している。この商店街は、毎年八月十四～十六日に行われる「いけだ阿波踊り」で、約三十連の踊り子たちが練り歩く町のメインストリート。現在はシャッターを下ろしている店が多くなってしまったが、四国有数の宿場町だった歴史があり、周辺には今でも宿が多い。

このアーケードの下の道は歩行者専用ではなく、県道一六一号線(阿波池田停車場線)

となっている。四交のほとんどの一般路線バスは、阿波池田バスターミナルを出発、最初の「池田駅前」バス停に停まり、阿波池田駅前商店街を突っ切る。そして商店街の終点で、系統によって左折、または右折をしてその先の路線を走って行く。ターミナルに戻って来るバスも、反対側から同じ道をたどるので、大半の路線バスが一度はアーケードの下を通ることになる。

市街地を抜けると四国一の秘境へ

四交の沿線には、二〇一三（平成二十五）年から連続三年で国交省選定の「日本一の清流」に選ばれている吉野川が流れ、祖谷渓《いやけい》のかずら橋や、大歩危《おおぼけ》・小歩危《こぼけ》などの景勝地が点在。三〜十一月は、それらをボンネットバスで巡る観光バスも運行する。

普段から運行している路線バスからも、近辺の風光明媚さを味わうことは十分可能だ。中でも、阿波池田バスターミナルを起点に「かずら橋」バス停へと向かう「祖谷線（出合《であい》経由）」は、絶景が楽しめる路線。街中を離れ、吉野川に架かる三好橋を渡り、一度下流の「白地温泉」バス停に停車すると、そのあとは国道三二号線をひたすら上流へ。「猫坊《ねこんぼう》」というかわいらしい名前のバス停を経由し、土讃線祖谷口駅近くの「祖谷口橋」バス停を

祖谷渓観光の名物・山峡をゆくボンネットバス

過ぎると、バスは左折して吉野川を渡る。
ここからは、吉野川の支流・祖谷川沿いに進む。「出合」バス停周辺以外には、ほとんど人家がない秘境感あふれる路線で、片方は絶壁もう片方は渓谷、道も極端に狭いうえに急カーブが連続する。途中の「風呂《ふろ》ノ谷《たに》」バス停の目の前には、有名な祖谷渓のしょんべん小僧の銅像がある。「西祖谷」バス停までで狭隘《きょうあい》な道を抜け、そのまま終点の「かずら橋」バス停へと至る。
なお「かずら橋」バス停からは一日四便、「大歩危」「小歩危」を経由し、阿波池田バスターミナルへ戻る便が運行されている。

珍バス停名

男ごころをくすぐる？その名由来が気になる「女体入口」

日本を代表する山脈である中央アルプスと南アルプスに囲まれた市が、長野県南部に位置する駒《こま》ケ根《ね》市だ。この市の玄関口であるJR駒ケ根駅から、中央アルプスへと向かう路線が、「駒ケ岳ロープウェイ線」。伊那《いな》バスと中央アルプス交通による共同運行で、夏は登山客、冬はスキー客の貴重な交通手段となっている。

標高千六百六十二メートルにある終点・しらび平への登山バスという印象が強い路線である中、ルート途中のバス停に注目？したい。駅前を出発して七分ほど走った場所にある、中央自動車道駒ケ根インターチェンジ前にあるバス停で、その名も「女体入口《にょたいいりぐち》」。周囲の景色はこれといった特徴のない市街地の外れで、この唐突なバス停名だけが異彩を放っている。

男性なら思わず身を乗り出してしまいそうなバス停名の由来には、諸説ある。一説には、かつて近隣にあった「女体」という集落の入り口にあたる場所だったためといわれている。

また別な説によると、中央アルプスの山脈の形が女性の横たわった姿に似ていることから、バス停の場所を中央アルプスへ向かう入り口になぞらえて、そう呼ばれるようになったのだとも。

ほかにも、中世にこの地域に遊郭があり、その近くにあった寺の僧たちが女遊びをしていたためという説もあるようだ。真偽のほどは定かでないが、バス停「女体入口」が駒ケ根市の話題のスポットであることは間違いない。

ちなみに駒ケ根市では、「女体」という名前の焼酎も売られている。地元産の芋を使った芋焼酎で、地元でも評判なのだそうだ。

日本屈指の珍名バス停!?

無料で相乗り

一般客も乗れる津別町のスクールバス。でも要予約?

津別《つべつ》町は北海道の東部、北見《きたみ》市と釧路《くしろ》市の間に位置する内陸の町だ。総面積の約八十六パーセントが森林という緑に囲まれた環境で、農業・林業が主要な産業。住民の足となっている町営の「津別まちバス」は、少し変わった運行方式をとっている。

一つ目は、名目上はスクールバスだが、一般客も乗車できる無料の「混乗スクールバス」の形態をとっているということ。もう一つは、乗車には事前の予約が必要だということだ。なぜ、このような方式をとっているのだろうか。

津別町とその周辺の自治体は、近年、高齢化と人口の減少が深刻で、その影響は町民の生活を支えてきた町営バスの経営にも及んでいた。もともと津別町に路線をもっていたのは、民間バス会社の北見バスだったが、事業縮小に伴って津別町の路線が廃止される。その代替として、一九七〇年代から町営バスが運行を続けてきた。

しかし、ほかの過疎地域と同様、人口減少による利用者の減少から経営は厳しく、町の

旭川や釧路からの都市間バスも停車する津別町営バスターミナル

財政に大きな負担を与えるようになった。二〇一二（平成二十四）年九月、ついに町営バスの事業は廃止されることになる。

しかし、これで津別町を走るバスがなくなったわけではない。北見市と津別町を結ぶ「開成線《かいせい》」は、北見バスが路線を引き継いだ。町内を走る「上里線《かみさと》」と「相生線《あいおい》」についても、存続のためにある工夫を行った。

それが、前述した混乗スクールバスの形態である。本来、スクールバスとは小中学生、つまり義務教育の児童・生徒を対象としている。これに幼稚園児や高校生、一般の成人な

「スクールバス」のロゴ付きだが一般客も乗車OK

ども乗車できるようにしたのが混乗スクールバスだ。

津別町は町営バスの一新の際に条例を定め、次のように取り決めた。スクールバスの対象は、津別小学校の児童・津別中学校の生徒・認定こども園「こどもの杜《もり》」に通う園児。それに加え、一部の制限はあるものの一般客の乗車も認めたのである。料金は、一般の乗客も無料となった。

バスの乗車に事前予約が必要な理由

また、特徴的なのは事前予約制だ。相生線の一部は予約なしで運行しているが、それ以外は役場のバス担当に電話をいれ、予約する必要がある。バスの運転手にメモを渡しても予約できる。通勤や通学などで、毎日決まった時間に乗る人は、事前登録しておけば都度都度予約を取る必要はない。

予約がない便は、その日は運行中止となる。また途中で乗客がすべて下車してしまっていなくなり、その先のバス停で予約が入っていない場合も、終着点までは行かない。こうすれば、無駄なバスの運行をなくして経費を削減でき、少しでも長くバスの運行を続けられるという考えである。

この変更より前の二〇〇六（平成十八）年には「恩根線《おんね》」が、二〇一〇（平成二十二）年には「二又線《ふたまた》」が廃止され、一般混乗のスクールバスが導入されていた。二〇一二（平成二十四）年の変更をもって、津別町内を走る四つの町営バスの路線はすべて混乗スクールバス・事前予約制に統一されたことになる。

「自分のために予約されたバスが走ってくれて、しかも無料」という少し変わった町営バスの形態。それは、「少しでも経費を節約して、長く住民の足として運営を続けたい」という思いの表れなのである。生き残りをかけての工夫を考えれば、こうした施策が全国の過疎地の路線で参考になってもらいたい。

珍ルート

本州の北限・尻屋へ向かうバスは終点からさらに先へ……!?

本州最北端にあたり、まさかりのような形をした青森県の下北半島《しもきたはんとう》。三方を海に囲まれたこの半島は、日本三大霊山の一つ恐山《おそれざん》、ニホンザルの生息北限地、大間《おおま》のマグロ一本釣りなど、自然や文化の宝庫だ。冬季の積雪が場所によっては一メートル以上という厳しい気候も、特徴といえるだろう。この下北半島を運行エリアとし、地域住民の貴重な交通手段となっているのが、むつ市に本社を置く下北交通である。

むつ市側を出発したバスは、旧田名部《たなべ》駅近くにある年季の入ったむつバスターミナルを経て、むつ市内を抜けると県道六号むつ尻屋崎《しりやざき》線をひた走る。道路名に尻屋崎と付いてはいるが、尻屋崎に直接通じているわけではない。

沿線の風景はのどかだ。「斗南丘《となみがおか》」バス停付近に差しかかると、車窓からは、下北地方開拓の拠点として旧会津藩が置いた斗南丘藩史跡が見える。斗南丘藩は、朝敵の汚名を着せられた会津藩が、復興のために立てたもの。当時は、二百世帯が暮らす街並であったと

いう。史跡からは、会津藩士の復興への切なる思いが伝わってくるようだ。このように、下北半島の歴史に触れることができるのも、この路線の醍醐味の一つといえる。また沿線で時折登場する、一般民家の世帯を名乗る「○○宅前」というバス停も興味深い。

東へ東へと走るバスは、やがて東通《ひがしどおり》村に突入する。東通村は、そばの産地だ。新そばの季節には村内で新そば祭りが行われる。夏場の沿線は、そばの白い花が咲いていたり、ひまわりが大輪の花を広げていたりと、心がなごむ風景だ。

途中、津軽海峡の海景色が見えたり、漁村の小集落にも立ち寄ったりと、景色はバリエーション豊か。「野牛沼《のうしぬま》」バス停を過ぎて「尻労口《しつかりぐち》」バス停までは、原生林のような風景も堪能できる。さらに、下北の強風を利用した風力発電用の大きな風車が並んだ、迫力あるエリアもある。

漁村の岩屋集落を過ぎると、景色は一変。今度はまるで鉱業の町のような景色になる。バス停名も「三菱マテリアル前」と、特徴を表している。このような風景が続くのはごくわずかの間。「尻屋崎口」バス停を超えると、再びのどかさが戻り、牧草地帯が広っている。

寒立馬を横目に半島の東端へ

道中、青森県の天然記念物である寒立馬《かんだちめ》が見えることもある。寒立馬は、寒さと粗食に耐える農用馬であったが、数が激減してしまった。現在は保護政策のおかげもあって、個体数が数十頭にまで回復しているという。貴重な馬ののびのびとした姿を目にすると、バスが人里離れたみちのくの最果てへと向かっていることを実感できるだろう。

やがて、バスは尻屋線の終点「尻屋」のバス停へ。集落中心にある転回場で向きを変えたあと、折り返しむつ市街へと戻ってゆくと思いきや、ここから尻屋崎へと向かう。「尻屋崎口」バス停まで同じ道を戻り、さらに東へと進路を取る。牧草地が広がっているエリアでは、道路の正面にゲートが現れる場所がある。このゲート、センサーで自動的に開く仕組み。一般の路線バスでは、なかなか出会えない場面だろう。

正面には、終点となる尻屋崎灯台が見えてくる。尻屋崎沖は、昔から船が難破しやすい海域だったという。そこで一八七六（明治九）年、この尻屋崎灯台が造られた。百四十年

終点の尻屋崎灯台付近にぽつんと停車するバス

寒立馬は足が短くずんぐりした胴体が特徴

年季の入った下北(むつ)バスターミナル

近い歴史を誇る東北最古の洋式灯台で、レンガ造りの灯台としては日本一の高さ。今も、津軽海峡を通る船の道標となっている。

　終点にあるのは、この灯台くらい。周辺では、放牧された寒立馬がほのぼのと草を食んでいる。下北半島の自然、歴史、人々の暮らしを目の当たりにできる、実に旅情あふれるバス旅なのだ。

　灯台まで向かう「尻屋崎線」の運行は、五月から十月末までという期間限定。尻屋崎灯台周辺も、オープン期間は四～十一月までで、冬季は閉鎖されてしまう。

珍ルート

平日と休日でルートがまったく違う？　山間集落を結ぶ西鉄バス脇山支線

輸送人員日本一を誇る西鉄バスは、福岡市街を中心として、広範囲に路線網を形成している。この西鉄バスの路線の中に、平日と土・日曜・祝日のダイヤで、運行ルートがまったく異なる路線がある。福岡市中心部から内陸に向かい、バスで一時間ほど揺られると、佐賀県との県境に近づく。のどかな田園風景となっているこの一帯を走る「脇山《わきやま》支線」がそれだ。

博多地区から天神《てんじん》地区を経て、早良《さわら》地区を結ぶ幹線系統が脇山線である。同路線は早良営業所の管轄であり、その支線が脇山支線となる。早良区南西部の山間の集落、曲渕《まがりぶち》と椎《しい》原《ば》を通る路線だ。

脇山は米作りが盛んな土地で、「脇山米」は昭和天皇に献上された由緒正しいブランドである。一九二八（昭和三）年十一月、昭和天皇の即位の大礼が行われた。その際、天皇に供せられる新穀として、当時の早良郡脇山村のものが使われることになったのである。

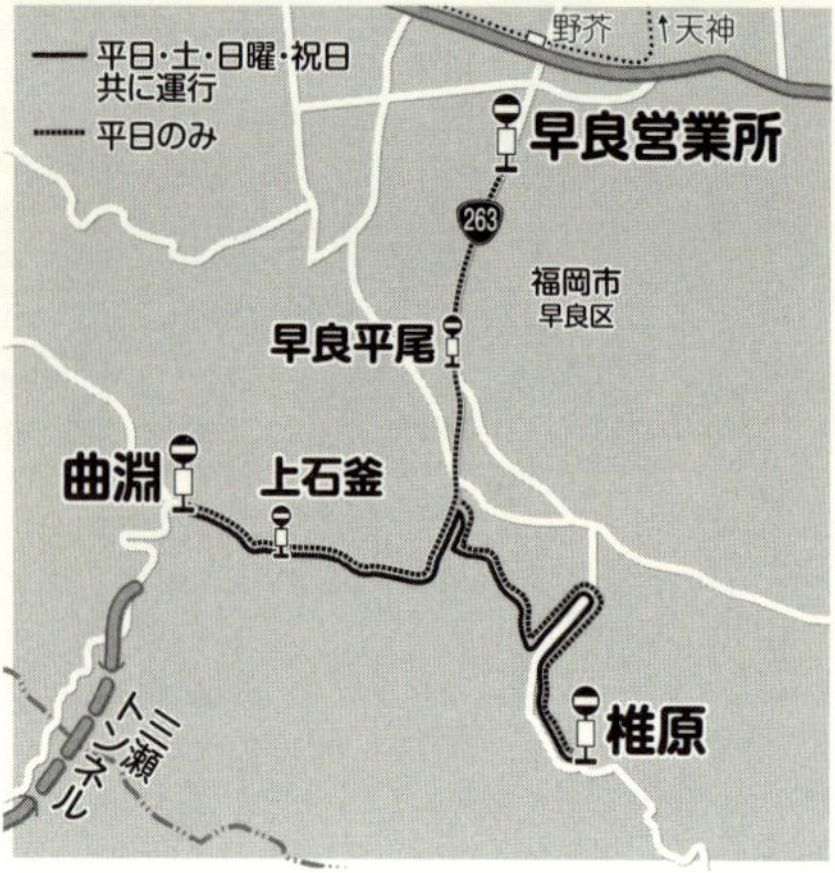

脇山が選ばれた理由は、水がきれいで収穫が早いこと、風俗人情が純朴だったことであるという。

脇山支線の始発は、福岡の市街地に近い早良営業所だ。この路線には、実はふたつの異なるルートがある。

曲渕行きは、早良《さわら》平尾《ひらお》～内野《うちの》～陽光台《ようこうだい》～上石釜《かみいしがま》～水源地前を経由する。椎原行きは、早良平尾まで同じで、そのあとは仙道《せんどう》～城《じょう》の原《はる》～脇山小学校前～谷口～一《ひと》ッ田《だ》を通るルートとなっている。陽光台、または脇山小学校前などで天神・博多駅方面バスに乗り換えることができる。

ルートを示した地図を見てみるとよくわかるが、このふたつのルートはアルファベットのYの字を逆さにしたようになっている。つまり、途中までは同じバス停を繋いでいる。路線名だけをチェックして行き先を確認せずに乗ってしまうと、まったく別の場所にたどり着いてしまうので、下り便に乗車する際は、注意が必要だ。

下り便の終点の一つ「曲渕」バス停

もう一つの終点「椎原」バス停付近

のどかな渓谷の村同士をつなぐ

これだけでもややこしいのだが、この脇山支線、土・日曜、祝日になると、なんと「第三のルート」が登場する。

早良営業所方面から曲渕・椎原に行くルートは平日だけの運行で、土・日曜・祝日のダイヤでは、山間部の二つの終点、曲渕と椎原を結ぶルートだけが運行される。なので平日と同じ感覚で、休日に早良営業所で脇山支線に乗ろうと思っても、一日中待ってもバスはやってこない。

休日の脇山支線の起点となる「曲渕」バス停は、国道二六三号線沿いにある集落だ。近くにある曲渕ダムは、一九二三（大正十二）年に竣工し、福岡市の水道を長く支え続けてきた。曲渕ダム公園から眺める巨大なダムの堤壁は大迫力である。曲渕小学校は全校児童二十六名（二〇一六年現在）という小規模な学校だが、一八七三（明治六）年に創立された伝統校だ。学校の裏手には八丁川の清流が流れ、夏場には涼を求めて福岡市街から訪れる人も多い。

「曲渕」バス停を出発したバスは、水源地前を経て「上石釜」バス停に着く。この近辺は

「椎原」バス停から曲渕へ向かう。休日のみの風景だ

ホタルの名所として知られ、毎年六月にホタル鑑賞のための臨時バス（早良区の西新～上石釜間）が運行される。

陽光台を通過し、バスは平地に入る。西神の原付近では、一面の田園風景が見渡せるなか、水田の合間を縫うように狭隘路が続く。「谷口」バス停から脇山小学校に向かい、折り返して再び「谷口」を通過。背振山の麓に位置する椎原に到着する。

椎原もまた、自然の美しい山村だ。椎原川はヤマメなどの渓流魚も泳ぐ清流である。温泉旅館や自然食が味わえるレストランもあり、福岡市街からすぐの隠れ家リゾートのような風情にあふれる。

珍バス停名

まるで表札代わり!? 北海道にやたら多い個人名バス停

バス停の名前は、「本町一丁目」や「中央通り」のように地名が付いたものを筆頭に、「市役所前」「海浜公園」といったように役所や公園、学校にデパートなどのランドマークになる施設名があてられることが多い。そんな中で「荒木さん前」とか「北村宅前」などという、堂々と個人の名前が冠せられたバス停が実在するのだ。命名理由はそのまんま、「荒木さんや北村さんの家の前だから」というシンプルなもの。この個人名バス停は北海道、それも道東に多い。

まずは、網走《あばしり》バスの「小清水《こしみず》・斜里《しゃり》線」斜里方面行き。網走市と知床《しれとこ》半島の斜里町を、約四十五分でつなぐ路線だ。ラムサール条約登録の自然豊かな汽水湖「トウフツ湖」と、オホーツク海の間を縫うように走るなど、沿線は風光明媚である。

全部で七十近くのバス停があるのだが、「白鳥公園入口」バス停とか「神社前」バス停などの中、網走方面から斜里町に入ってすぐのあたりに「寺口宅前」バス停と「中村宅前」バス停などが混ざっている。さらにこの二つのバス停、お隣り同士である。もっとも、隣りといっても一キロメートル以上の距離があるのだが。

阿寒《あかん》バス屈斜路《くっしゃろ》線は、弟子屈《てしかが》町の釧路本線摩周《ましゅう》駅近くの摩周営業所から、「パイロット国道」の通称がある国道二四三号線を通って、屈斜路湖の南東部に突き出た半島の付け根部分にある「和琴《わこと》半島」バス停を結ぶ。こちらには、摩周営業所から五分ほどの「美羅尾《びらお》スキー場」バス停を挟んで、「鈴木宅前」「榎木前」というバス停がある。片方だけ「宅」が付いているのが気になるところだ。バス会社によると、両方とも「昔の名残りでバス停は残ってはいるが、今はほとんど利用されていない」そうだ。

網走観光交通の「網走線」は、「網走駅」バス停を出発して途中まで先ほどの網走バス「小清水・斜里線」と同じルートをたどるが、JR「藻琴《もこと》駅」近くで道道一〇二号線に入り、内陸部の大空町《おおぞらちょう》東藻琴《ひがしもこと》に通じる路線。沿線にはシジミの名産地として知られる藻琴湖がある。こちらには「荒木さん前」バス停が存在。ほかのバス会社が「○○宅」という表記なのに、網走観光交通は「○○さん前」なのが面白い。

ほかにも道内には、網走バスの「常呂《ところ》・サロマ湖栄浦《さかえうら》線」に「西宅前」「北村宅前」「山崎宅前」、斜里バス「ウトロ線（知床線）」に「中村宅前」「寺口宅前」など、たくさんの個人名バス停がある。

北海道は明治時代以降に開拓で開かれた土地。郊外では、字名が示すエリアが非常に広いため、それだけで特定の地域を示すのが難しい。そのため、広大な平野の中にある人家それ自体がランドマークになるから、という理由のようだ。

北海道以外の「人名」バス停いろいろ

福岡県北九州市の門司区《もじ》を東西に走る西鉄バス「門司ローカル線」には、「八木田前《やぎた》」バス停がある。といっても特定の「八木田家」があるのではなく、周囲に八木田さんが多く住んでいる地。八木田氏は近くの壇ノ浦で源氏と戦った平家の末裔で、この地に集団で住み着いたからだそうだ。

歴史がらみの個人名バスでは、宮城県美里町《みさと》を走る美里町住民バスの「浅野栄治前《あさのえいじ》」バス停。一見、浅野さんの家の前にあるかと思えるが、なんと「浅野栄治前」自体が実在する地名。江戸時代に、戦国武将・浅野長政の子孫だという浅野栄治氏がこのあたりを開拓したので、土地に名前が残ったらしい。個人名が土地名になり、さらにバス停になった、珍しい例である。

カラーリング

グループ統一色の中、復刻され守られる秋北バスカラー

秋田県大館《おおだて》市に本社を置き、県北部を中心に路線網をもつ秋北《しゅうほく》バスは、一九四三年（昭和十八）四月、周辺の十三のバス業者が統合して秋北乗合自動車株式会社として設立。秋田県や北東北の地域交通の発展や観光振興に貢献してきた。

自家用車の普及や地域の人口減少、過疎化によって経営は厳しい状況にはある中、地域住民に欠かせない公共交通機関としての使命を担っており、二〇一三（平成二十五）年には創業七十周年を迎えた。

秋北バスといえば、赤、黄色、白の三色をベースに濃紺と細い赤のラインが入った「秋北カラー」の車体で、地元の利用者に親しまれてきた。これは戦後から導入されたもので、通称「赤バス」とも呼ばれ、紅葉の赤と黄色、雪の白、十和田《とわだ》湖の青を表現しているという。しかし、伝統あるオリジナルカラーの車体は、老朽化による引退などで徐々に数を減らし、一時期は絶滅が危惧されるほどになっていた。

大館市街を巡る循環バス「ハチ公号」

一方、二〇〇〇（平成十二）年ごろから積極的に導入されてきたのは、東京都東部や埼玉県エリアではなじみ深い、白地に黄緑色を基調とした国際興業グループを代表する車両である。

秋北バスは一九六二（昭和三十七）年十二月に、国際興業グループの一員となっている。都市部のバスは車両が廃車となる理由が様々で、寿命を迎えたわけではなくまだしばらくは現役として十分に活躍できるものも多い。そのため、地方にあるグループ内の事業者などに譲渡され、整備されてから使用されることが多い。国際興業バスの場合、秋北バスのほか青森県の十和田観光電鉄、岩手県交通、山梨交通などにも多くの車両を譲渡している。

国際興業バスから譲渡された車両は、以前は譲渡先の事業者が採用している独自の塗色に塗り替えられることが多かった。しかし、一九九九（平成十一）年に、自社発注が基本だった山梨交通が国際興業の中古車両を導入し始めた際、コスト削減のために社名だけを書き換えることで対応。国際興業カラーはそのままで運行を開始したことになって、二〇〇〇年代に入ると秋北バスや岩手県交通など、地方を走るバス会社でも、事業者ごとの塗装の変更を止め、社名のロゴなどを変更するだけで使用するケースが増えたという。

さらに、自社発注の新車や、国際興業グループ以外の東急バスや小田急バス、神奈川中央交通などから譲渡された中古車にも、原則的に緑の国際興業新カラーを施すようになった。このため、国際興業バスには存在しない車両が、国際興業カラーに塗装されて登場するケースが見られるようになった。オリジナルカラーの塗装が中止された後の二〇〇二（平成十四）年には、黄色をベースに赤いラインの暫定塗装を施したワンステップバスも登場したが、あまり評判がよくなかったとかで、短期間で姿を消してしまった。

独自カラーの車両は一定数をキープ

二〇〇八（平成二十）年十二月十五日、創業六十五周年記念事業の一環として、秋北カラーの路線バス二台が投入されたことが地元紙でも報じられた。中古の中型バスを塗り替えたもので、「復刻塗装」と位置付けられ、このニュースは地元の利用者らに歓迎された。

その時点での保有バス二百十五台のうち、秋北カラーのバスは二十三台と全体の一割強しかなかった。その後しばらくの間、復刻は行われなかったが、二年ほど経ってからオリジナルカラーに塗り替えられた車両の登録が増加し、国際興業カラーで投入された車体が、後に秋北カラーに塗装し直されることもあった。

ちなみに、盛岡〜大館を結ぶ「みちのく号」や盛岡〜青森を結ぶ「あすなろ号」などの高速バス、大館・能代《のしろ》〜東京（池袋）を結ぶ夜行バス「ジュピター号」などの車体は、白とブルーを基調とした国際興業と同じカラーだ。

二〇一六年九月現在、秋北バスは約二百台のバスを保有しており、そのうち三十台ほどが秋北カラーのもの。全体の割合は十五％ほどとなったが、もともと秋北カラーの車体には古いものが多く、引退していくものもあることから、大幅に増えたわけでもない。残りは時折見られる広告入りラッピングバスを除くと、国際興業グループのカラーとなっている。

経費や時間とのかね合いもあるのか、積極的に秋北カラーのバスを増やそうというわけでもなさそうだが、独自カラーを絶やすことなく、一定数は守っていこうとする動きがあるようだ。

バスとグルメ

バスターミナルは地元御用達ローカルグルメ天国!?

路線バスや高速バスの発着点となる、バスターミナル。日々の生活の一部として、または旅の拠点として、多くの人が利用する。高速バスが出る大きなバスターミナルなどになると、待合室に隣接して食堂や喫茶店などが置かれているところも。そして地方の昔ながらのターミナルには、レトロ感あふれる風情を残す店舗に出合える。

秋田県大館《おおだて》市。忠犬ハチ公で有名な秋田犬の古里でもある、県の北部に位置する市だ。JR大館駅を出ると、駅前には二つのバス停が立つロータリーがある。そのロータリーを越えて、徒歩一～二分。秋北《しゅうほく》バスの本社でもあり、大館市内のバスの拠点となる大館バスステーションが建つ。バスステーションの中、出発を待つ年配の客たちが何人か座っている待合室の隣りに、「秋北食堂」はある。

秋北食堂は外からも待合室からも入れるように、扉が二カ所ある。券売機で食券を購入するタイプの店だ。メニューにはラーメンやうどん、そば、カレー、定食など、食堂の定番といえるものが並ぶ。定食を注文すれば、ご飯も味噌汁もセルフサービスでお替わり自由と、なんとも嬉しいシステムとなっている。

秋北食堂の名物・とりもつ

ここで注文すべきは、なんといっても「とりもつ」だ。かつて、駅から徒歩十分弱、秋北バス自動車営業部の駐車場敷地内に「ありうら食堂」という地元で人気の店があった。二〇一三（平成二十五）年にありうら食堂が閉店すると、それまでバスステーションにあった秋北食堂をリニューアルするかたちで、ありうら食堂が移転してきて、名前もそのまま秋北食堂と名乗ることとなった。とりもつは、ありうら食堂時代からの名物メニューなのだ。

食券をカウンターに出すと、熱々のとりもつが出てくる。深型の器にたっぷりのとりもつ、上には刻みネギが乗っている。小サイズでもなかなかのボリューム。これで一五〇円なのだから、とてもリーズナブルだ。さらに、おにぎり一個一一〇円をつければ、かなり満足のいく食事となる。持ち帰り用容器五十円もあり、一人前三〇〇円からテイクアウトできる。食堂では珍しいそんなサービスがあることからも、地元の人に愛されているメニューなのが窺える。

ご当地グルメも味わえるバスターミナル

ＪＲ長崎駅の正面にある長崎交通産業ビル。ここに、長崎県営バスターミナルがある。このバスターミナルを拠点とするのは、九州各地へと向かう高速バスだ。長旅になることが多いためか、ターミナルには腹ごしらえのための飲食店が用意されている。

一階の「ターミナルうどん」は、ビルの外からもターミナルの中からも入店できるようになっている、立ち食い形式の店だ。九州特有の丸い形のさつまあげが乗った丸天うどんは、三八〇円とお手頃価格。ほかにも、カレーやカツ丼などの定番メニューや、あたりにいい香りを漂わせるおでんもある。

中二階には、ゆっくりとバスの発車時間を待ちたい人にぴったりの喫茶店「Ｂｏｏｋ

ターミナルうどんの丸天うどん

Cafe」。ブックカフェというものの、本はカーテンで仕切られた奥の棚にコミックが置かれているだけという、どちらかというと昭和の喫茶店の趣。メニューも、野菜炒めや日替わり定食などの、まるで食堂のようなラインナップだ。

ここでは、皿うどんやトルコライスといった、長崎名物料理が食べられる。ワンプレートにご飯、スパゲティ、サラダ、トンカツが豪快に盛り付けられたトルコライスは、ボリューム満点なのに五〇〇円。これで、高速バスで長時間揺られても、腹を減らすことはないだろう。

バスターミナルの名物料理が、なんとレトルトパックになってしまったケースがある。

新潟県新潟市の中心部にある万代《ばんだい》シティバスセンターは、ショッピングセンターなども入

バスで新潟に来たら万代そばのカレーを

る複合ビルの一階にあり、「万代そば」という新潟交通が運営する立ち食いそば屋が店を開いている。

　この店のカレーライスが大変評判なのだ。どこか懐かしさを感じさせる黄色いカレーは、見た目以上に濃厚。その味に惹かれてバス利用者だけでなく、普段バスに乗らない地元の人や、仕事や観光でやって来た旅行者、芸能人なども食べに来るのだとか。

　人気は留まることを知らず、ついには、みやげ用のレトルトカレーにまでなってしまった。「新潟バスセンターのカレー」として、食堂などでも販売されている。家にいてもバス旅気分が味わえる、新潟に行ったならぜひとも買って帰りたい一品だ。

編　者

ブルーガイド編集部

地図で歩くガイド雑誌『おさんぽマップ』シリーズをはじめ、旅行のガイドブック・紀行書を制作。じっぴコンパクト新書『英語対訳で旅する日本の世界遺産』『同・京都』『同・東京』や、『鎌倉謎解き街歩き』『山手線謎解き街歩き』『横浜謎解き街歩き』など、散歩の副読本も制作している。

※本書は書き下ろしオリジナルです。

じっぴコンパクト新書　296

JIPPI Compact

車窓《しゃそう》から日本《にほん》を再発見《さいはっけん》！
全国《ぜんこく》 ローカル路線《ろせん》バス

2016年11月5日　初版第1刷発行

編　者……………ブルーガイド編集部
発行者……………岩野裕一
発行所……………実業之日本社
〒153-0044 東京都目黒区大橋1-5-1 クロスエアタワー8階
電話（編集）03-6809-0452
　　（販売）03-6809-0495
http://www.j-n.co.jp/
印刷所……………大日本印刷株式会社
製本所……………株式会社ブックアート

ISBN978-4-408-00891-2（第一BG）